余氏家族：百年醫學傳承

陳慕華、黃大偉　著

MUSEUM OF
MEDICAL SCIENCES
香港醫學博物館

2005 年，百歲的朝光與四個兒子。

序一

我非常高興能夠為陳慕華教授和黃大偉醫生有關香港醫療建制的另一本新書撰寫序言。過去十年，陳慕華教授出版了許多重要專著，介紹曾在塑造香港教育和醫療服務方面發揮重要作用的機構和人物。她的每一本書，不僅是香港社會史研究者必備，也有許多一般讀者，從享受閱讀中長了知識。

香港醫學博物館學會非常榮幸，能贊助這本新書《余氏家族：百年醫學傳承》的出版。本書提供的珍貴第一手資料，有關第二次世界大戰前後西醫的發展狀況，展現了醫療服務與香港市民的生活如何息息相關。此外，本書還介紹了余朝光醫生行醫時使用過的一些儀器和藥物，這些寶貴的文物，都是余氏家族捐贈給博物館的。

余氏家族一門五傑，不僅是著名的醫生，也是慈善家，積極致力於改善社會。從父親余朝光醫生開始，余氏四兄弟在各自的專業領域，都做出了重大貢獻。陳慕華教授和黃大偉醫生，在本書中詳細介紹了他們的成就，以及他們如何領導醫療界，引入先進的治療方法和技術，造福病人。當我閱讀書稿時，對余氏兄弟堅定的意志和精神，特別是在科學研究，以及改善病人治理方面的決心，不禁油然生敬。這無疑是從父親那裡繼承得來的。

楊允賢

MBBS(HK), FHKCPaed, FHKAM, FRCP(Edinburgh),

FRCP(Glasgow), FRCP(London), FRCPCH(UK)

教育及研究委員會主席

香港醫學博物館學會

序二

是甚麼造就了一個堪稱典範的醫學世家，一門五傑，每位都取得了驕人的成就，我們都想知道。這部著作，經陳慕華教授和黃大偉醫生精心研究，講述了余朝光醫生和他的四個兒子，宇楷、宇康、宇超和宇熙的精彩故事，描述了他們如何以堅韌的奉獻精神，克服一路上的波折險阻，實現了多方面具開創性的成就。

本書記載了老余醫生年輕時如何克服困難，通過實踐，成為一名全面的臨床醫生、自學成才的傳染病專家，然後當上東華三院的院長，繼而成為備受推崇，擅長外科、兒科和產科的全科醫生。他的一生，體現了對家人、兄弟姐妹、朋友和病人的愛和關懷；他對弱勢社群的同情心，流露了強烈的人道關懷精神，這一點顯然也傳給了他的兒子們。

余醫生的四個兒子，在臨床或學術領域均表現出色。長子宇楷和幼子宇熙，分別在外科和新生兒科領域，取得了輝煌的成就，然後通過信仰的力量，致力為有需要的人服務。作為澳洲第一位新生兒科教授，余宇熙教授還幫助了許多國家建立新生兒深切治療部，挽救了無數新生兒的生命。他學習神學，從臨床崗位退休後，成為教會牧師，致力於牧養事工，從另一個層次服務人群。二子宇康和三子宇超，為香港腎科及呼吸科的發展，奠定了堅實的基礎。兩人均被任命為名譽教授，至今仍繼續教授醫學生。香港內科醫學院 1986 年成立時，余宇康教授是創院名譽秘書。他於 1998 至 2004 年期間，擔任學院院長，現仍擔任學院理事會的高級顧問。學院負責監督內科醫生的培訓，課程結構包括基礎和高級培訓，涵蓋普通內科和下面的專科，在維持香港內科醫生國際認可的高專業水平方面扮演重要角色。

本書不僅記錄了余氏家族的個人故事，以及他們在這段時期，在不同的領域，如醫療、教育和慈善事業中的貢獻。這段時期的香港，特點是社會經濟環境迅速變化，夾雜著繁榮和不確定的時期。在這些故事中，我們還可以一睹不同的人物和他們周圍的環境，並觀察生活經歷如何影響一個人的成長。很多時候，鼓舞人心的善舉，在當時看來影響可能是短暫的，但其實卻是具有深遠的意義，塑造了後代的性格和價值觀。余氏家族的人生故事，呈現出一個統一的主題，也可說是一個家族特質，即對自我實現孜孜不倦的追求，以及對利他與行善的堅定承諾。

陳德茂

MBBS, MD, DSc, FHKCP, FHKAM,
FRCP(Edinburgh), FRCP(Glasgow),
FRCP(London)
香港大學講座教授、余朝光基金教授（內科）
醫院管理局港島西聯網腎病內科主管
香港內科醫學院院長（2022-）

前言

第二次世界大戰後，香港的嬰兒死亡率和預期壽命等健康指數，迅速從低收入地區的水平，上升至成為 2021 年全球最好的地區之一。醫療服務的進步，除了戰後在社會、經濟方面的巨大改善外，必須歸功於香港肯擁抱在此期間醫學和科技的顯著進步，以及它的醫療專業隊伍。

香港醫學博物館學會的教育及研究委員會，一向關注香港的醫學及其專科的發展。教研委員會的醫史興趣小組，每年大概舉辦兩次公開講座，內容涉及香港的醫史、各醫學分支及不同亞專科的發展。每場公開講座的影片，均會在博物館的網站發佈。委員會還負責定期在《香港醫學雜誌》發表文章，介紹博物館保存的文物。此外，醫學博物館還出版了多本書籍。《鼠疫、沙士與香港醫學的故事》，講述 1842 至 2006 年，香港醫學發展的故事；《默然捍衛》，訴說香港細菌學檢驗所的歷史與傳承；《太平山醫學史蹟徑》，介紹博物館附近地區，對本地醫學發展具有重要意義的歷史遺蹟；《杏林鴻爪》，收錄了博物館藏品背後的有趣故事。《香港醫學史上的名醫》一書，正在籌備出版，書中介紹的傑出醫生，致力改善香港的醫療服務和醫學教育，造就了今天香港的優質醫療服務。由於篇幅所限，書中只能介紹那些已離世的醫生。

本書《余氏家族：百年醫學傳承》由博物館贊助出版，寫的是香港一個著名醫學世家——余朝光醫生和他的四個兒子的故事。本書的前五章，講述了他們的生活、醫學生涯和成就。第六章，介紹余朝光醫生行醫時代使用過的一些物品。這些物品是余朝光醫生去世後，由其兒子捐贈給醫學博物館的，其中不少今天已不再使用。

余氏家族的顯著特徵之一，就是他們對追求目標的執著。除了三子宇超是一名出色的學生外，其他兒子在醫學院就讀時，都曾有過一科不及格。失敗卻不喪志，反而激勵他們更加努力，不僅要通過考試，還要在自己選擇的專科取得優異成績。長子宇楷和次子宇康，在畢業試中分別外科和內科不及格，但最後各自成為頂級外科醫生和卓有成就的內科教授。小兒子宇熙，三年班時病理學考試失敗，但卻成為世界著名的新生兒科專家。他們的堅持、勤奮、對專業的獻身，以及與人為善，值得我們學習。他們的故事，是鼓舞人心的救贖故事。

本書的歷史部分，資料源自香港的各種原始檔案或有關書籍，詳情可參閱參考資料。有關余家的材料，來自採訪四兄弟，以及大量的電郵通信，後者是由於距離和新冠肺炎大流行。作者衷心感謝余家四兄弟，慷慨分享余家的資料，並花上大量時間，通過電郵與我們溝通。我們也很感激四位，允許本書使用他們個人收藏的照片。本書所有未註明來源的照片，均由余氏一家提供。

雅麗氏何妙齡那打素慈善基金會、東華三院文物館及許建名醫生，授權本書使用他們的照片，作者謹此致謝。

陳慕華、黃大偉

目錄

引言

在香港所有的顯赫醫學世家中，余氏家族穩佔一席。父親余朝光醫生，是備受尊敬的著名全科醫生，他還擅長外科和產科，醫術精湛。他和妻子淑珧，養育了四個兒子，都是專科醫生，並在各自的專業領域，成為業內翹楚。余氏家族在過去的一個世紀，對香港醫學的進步作出了巨大貢獻。

雖然西方醫學早在 1842 年就由傳教士傳入香港，但本地華人並不接受，他們更喜歡傳統的中醫。19 世紀後半葉和 20 世紀初，發生了幾件事，推動了西醫在香港的普及。首先，倫敦傳道會、何啟醫生與華人精英，於 1887 年共同創辦了雅麗氏紀念醫院，當地歐裔醫生在醫院的義診，說服了華人相信西醫的好處。其次，香港西醫書院成立，向當地華人傳授西方醫術，培養能夠與當地民眾溝通的醫生。第三，1894 年鼠疫肆虐後，1872 年開辦、只用中醫的東華醫院引入了西醫，進一步顯示西醫的好處。 第四，20 世紀初，香港和九龍的不同地區，開設了華人公立醫局，由香港西醫書院畢業生主理。除了治療病人外，醫生還兼顧公共衛生職務，例如接種疫苗。這些醫局，還有受過西法接生培訓的助產士，提供上門分娩服務，大大降低了嬰兒和產婦的死亡率。所有這些因素，導致西醫逐漸被華人接受，到了 1930 年代，西醫已成為香港醫療服務的主流。

香港西醫書院成立時，各科的教師通常未曾接受過正式的專科培訓，而是靠多年的行醫經驗累積，成為專家。熱帶醫學之父、西醫書院創院院長白文信（Patrick Manson），既是內科醫生又是外科醫生。他最初是在台灣高雄的大清皇家海關擔任海港醫官，後來又轉到廈門工作。他的威名遠播，是因為發現蚊子可成為絲蟲病的傳播媒介，而絲蟲病會導致人類象皮病。[1] 他也能切除由陰囊象皮病所產生的陰囊「腫瘤」。接替白文信擔任書院院長的康德黎醫生，也以兼善內、外科而聞名。

1912年香港大學成立，香港西醫書院併入大學，成為醫學院。成立之初，醫學院沒有臨床部門。內科、外科和婦產科的教學，由擅長該科的私人醫生負責。1922年，由洛克菲勒基金捐款，聘任內科和外科的創始教授，1923年又任命了婦產科的創始教授，臨床部門隨之成立。安達臣（John Anderson）教授，是內科學系的創始教授，在第一次世界大戰之前，曾在多個醫學分支工作過。一戰期間，他被徵召擔任醫官，派到加里波利，在那裡，他因開刀技術高超，而被視為外科專家。有一次，敵人的炸彈落在他的手術帳篷周圍，點燃了鄰近的物件，他仍能泰然自若地完成腹部手術。戰爭快結束時，安達臣對實用細菌學和病理學產生了濃厚的興趣。在擔任外科和內科專家之後，他又成為病理學專家，指揮不同的戰地實驗室，直到戰爭結束。[2]

在那個時代，港大的醫科畢業生不需要實習，便可以作為全科醫生執業，行醫範疇包括各大醫學分支，而無須進一步培訓。當時，也沒有專科培訓。香港為數不多的專家，都是在海外接受培訓的。例如，外科醫生李樹芬醫生，曾在愛丁堡大學接受培訓；[3] 他的弟弟李樹培醫生，是耳鼻喉科專家，曾到維也納大學進修；[4] 而婦科醫生胡惠德，曾在英國的米德爾塞克斯醫院（Middlesex Hospital）和美國的約翰霍普金斯醫院（The Johns Hopkins Hospital）受訓。[5]

二戰後的頭十年，香港經歷了一段困難時期。由於本地居民戰後回歸，內地難民又因內戰及隨後中華人民共和國的成立而湧入，香港人口迅速增加。戰後的嬰兒潮，令香港的人口進一步增加，加劇了本已擠迫的居住環境。韓戰導致聯合國對中國實施禁運，對香港的轉口貿易造成打擊，居民普遍生活貧困。醫務衛生署將有限的預算，用來預防和控制傳染病，而不是用於治療。政府提供最低限度的基本門診治療，希望減少對昂貴的住院服務的需求。由於人口不斷膨脹，醫生嚴重短缺，政府將部分資源用來增加醫學生的學額，而不是投放給培訓專家。

二戰後，醫科畢業生必須實習一年，才可在香港註冊行醫。與戰前一樣，還沒有正式的專科醫生培訓。大多數畢業生在完成一年的實習後，就開始私人執業，擔任全科醫生。少數幸運兒，能繼續在醫院工作，他們通常是畢業生中的精英，跟前輩當學徒幾年，然後前往英國，參加該科的皇家醫學院主辦的專業考試，獲得專科資格。余朝光醫生的長子宇楷，走的就是這條路，最後成為一名外科專家。

1950 和 1960 年代，有志從事內科的醫生，會參加英國不同皇家內科醫學院的專科考試。考生必須通過筆試（第一部分）和臨床考試（第二部分），才可以成為內科專科醫生。愛丁堡皇家內科醫學院的第二部分考試，有點不同，是根據內科的亞專科而分開進行的。通過了兩個部分的考試，就可稱為該亞專科的專家。然而，大多數人會接受進一步培訓，以提高自身對有關專科的能力。余家的次子和三子，宇康和宇超，在英國走的就是這條路。返回香港後，他們各自成立了相關的專科團隊（後更名為部），為病人診治、培訓和研究，建立最先進的設施。

在亞專科化的早期，並沒有任何正式的認證程序，專科醫生不需要再通過考試，也可成為亞專科醫生。1980 年代，一些國家制定了正式的培訓計劃，並在培訓期滿後，針對各個亞專科建立了認證流程；在美國，還要通過畢業考試。

1960 年代，隨著香港經濟逐漸好轉，並轉型為區域製造業中心，政府開始增加醫療衛生服務開支。那時，傳染病已得到控制，醫務衛生署開始增建門診和醫院，將更多資源用於治療。由於 1970 和 1980 年代經濟逐步增長，政府進一步擴張了醫院服務，並建造了更多設備先進的醫院。[6] 政府亦開始資助醫生，在某一專科或亞專科工作了三到四年後，到英國接受進一步培訓。[7]

香港醫學的專科化和亞專科化，始於 1960 年代，到了 1970 和 1980 年代，變得更為普遍，除了需求增長和多了海外培訓機會之外，還有多種原因。二戰後，醫學突飛猛進，發現了許多新的診斷和治療方式，醫生不再可能知曉每個醫學分支的所有最新進展，有必要讓部分醫生，專注於特定領域的專業知識——成為專科醫生和亞專科醫生。1970 年代，香港的疾病模式也發生了變化。傳染病不再是主要死因，取而代之的是冠心病、中風、高血壓、糖尿病、癌症等非傳染性疾病。那個時代之前的全科醫生，少有懂得如何正確治療這些疾病，因此需要受過特殊培訓的醫生。

大學的任務，是發展不同的專科和亞專科，配備最新的科技，用於治療、教學和研究。儘管如此，直至 1980 年代初，香港仍沒有正式的專科培訓計劃。教學是在工餘進行，而且不定期，情況並不理想。此外，香港仍然依賴英國的皇家醫學院來認證本地的專科醫生。由於香港將在 1997 年回歸中國，再也不能依賴英國皇家醫學院來認證。在 1980 年代末和 1990 年代初，香港不同醫學分支的醫學院紛紛成立，為各自的專科和各個亞專科制定培訓指引、評估標準和甄選導師的程序，以及評估有關的培訓計劃。香港內科醫學院的教育及評審委員會建議的培訓計劃結構，包括三年的普通內科基礎培訓，通過與英國皇家內科醫學院合辦的聯合 MRCP 中級考試後，才可以進入高級內科培訓階段，繼續接受三年亞專科加一年高級內科學的訓練。1993 年，香港醫學專科學院（醫專）成立，正式開展本地的專科培訓，內科醫學院的培訓計劃得到了批准。

醫專負責協調旗下所有專科學院的活動，以促進專科培訓和延續醫學教育的發展。醫專成立時，設有 11 個學院：麻醉科、社會醫學科、全科、內科、婦產科、骨科、病理科、兒科、精神科、放射科和外科。後來又增加了牙科、眼科、耳鼻喉科和急症科。[8] 醫專制定的指引，涵蓋專科學院的認可、專科和亞專科的培訓，以及本地及海外培訓單位的視察和認可。此外，醫專還制定了一份文件，有關延續醫學教育（CME）的原則和指引。[9]

余朝光醫生行醫的時代，不需要專科資格證書。1930 年畢業後，與大多數同學不同，他並沒有馬上私人執業。相反，畢業後起初的八年，他輾轉在國家醫院、那打素醫院、港口衛生科及九龍醫院工作，向前輩學習內科、外科、婦產科。然後，他獲委任為東華三院的院長，在任兩年。在醫院行醫多年，讓他能精通醫學的三大分支，最後才私人執業。事實上，按照現行標準，他的「培訓」時間比成為某一專科的醫生所需的時間要長得多。由於缺乏資金和機會，他無法到海外接受進一步培訓，也無法參加皇家醫學院的專科考試。他選擇為油麻地的居民服務，在 1940 年代，油麻地是貧窮落後的地區。他 1985 年退休，時年 80 歲。他為油麻地居民服務多年，無論貧富，他的奉獻精神，贏得了人們的欽佩和尊敬。

他的四個兒子成長的時代，醫療環境已改變了，當時需要更多專科和亞專科醫生。長子余宇楷，成為外科醫生，並遵循父親的願望，與他共用診所，為香港貧困地區的居民服務。次子余宇康教授，被譽為「腎科教父」，於 1960 年代末，在瑪麗醫院的大學內科學系建立了第一個腎科部。他還是香港腎科學會和香港內科醫學院的創始成員，致力確保內科醫生有適當的培訓。余宇超教授是余朝光醫生的三子，儘管他謙稱自己並非香港呼吸科的創始人，因在他之前本地已有出色的肺結核服務，但他從英國回港後，引入了現代的呼吸醫學。在 1960 年代末，他在瑪麗醫院建立了第一個肺功能實驗室，引入了光纖支氣管鏡，培訓呼吸科醫生，並建立了呼吸科團隊（部門）。他還協助制定培訓指引。幼子余宇熙教授，畢業較晚，正好趕上發展亞專科的時代，他選擇了不同的醫學分支—兒科，作為他的專業，並專攻新生兒科。他成為新生兒學和新生兒深切治療領域的先驅，並在澳洲蒙納士大學揚名立萬，贏得了世界認可。多年來，他受邀返港，出任香港政府顧問及香港中文大學客座教授，又接待來自香港的 12 名兒科醫生，到蒙納士大學接受新生兒科專科培訓，從而促進了香港新生兒深切治療服務的建立。

余朝光醫生高壽辭世，享年 101 歲。他去世後，四個兒子於 2007 年，將其存放在大埔康樂園住宅內的舊物，捐贈予香港醫學博物館，本書會介紹其中一些儀器及藥品。然而，本書的重點，是講述余氏家族成員的故事，余朝光醫生和他四個兒子，在近一個世紀以來，對香港醫療事業所作出的貢獻，他們如何成功推動醫學進步，並將知識傳給下一代。余氏家族的成就，不僅限於醫學，還體現在他們的關愛和慈善活動中，反映了他們對上帝和自己服務的社區的感恩。

註釋

1. D. Haynes, *Imperial Medicine: Patrick Manson and the Conquest of Tropical Disease* (Philadelphia: University of Pennsylvania Press, 2001), 48-53.

2. M-B P.H., "Obituary. John Anderson," *British Medical Journal* (11 April 1931), 647.

3. Li Shu Fan, *A Hong Kong Surgeon* (Hong Kong: The Li Shu Fan Medical Foundation, 1964).

4. Li Shu Pui, *British Medical Journal* 331 (7421) (2005), 908.

5. Herbert K. Lau and Dr Arthur W Woo, "Rejuvenated the broken Hong Kong Rotary Club in 1945" http://old.rotary3450.org/woo-a-w-dr/

6. Moira Chan-Yeung, *A Medical History of Hong Kong, 1942-2015* (Hong Kong: The Chinese University Press, 2010).

7. Wong Tai Wai and Moira Chan-Yeung, *Notable Doctors in the Medical History in Hong Kong: Individuals who Shaped the Medical Services of Today* (Hong Kong: The Chinese University Press), in press.

8. Hong Kong Academy of Medicine, *In Pursuit of Excellence: The first 10 years 1993-2003*, 15-16.

9. Ibid, 58-60.

第一章

余朝光醫生：「專科」全科醫生

2006 年，余朝光醫生。

早年（1905-1930 年）

余朝光 1905 年 5 月 2 日出生於廣東四邑台山，當時正值中國歷史上一個極為動盪的時期。

踏入 19 世紀，大清國運由盛轉衰。過去兩個世紀，清朝人口快速增長，糧食生產方式卻停滯不前，導致無法養活不斷增長的人口，人民普遍貧困。第一次鴉片戰爭，導致香港於 1842 年被割讓給英國，也暴露了大清帝國的內在弱點，並為其他西方帝國主義國家要求取得在中國沿海幾個港口通商的特權鋪平了道路。隨後與其他列強的戰爭，清廷簽訂了許多不平等條約，耗盡了國庫。生活困苦、政府腐敗，以及太平天國起義（1850-1864 年）引起的動盪，激起了前所未有的大量移民外流。

這批移民中，有未來的中華民國大總統孫中山先生。1879 年，年僅 14 歲的他，獨自離開中山翠亨村，前往夏威夷與哥哥一同生活。[1] 幾年後，他返回中國，不久後又前往香港。他在拔萃書室和中央書院（後稱皇仁書院）完成了中學教育。1887 年，他入讀香港西醫書院，香港大學醫學院的前身。1892 年，他以全班第一名的成績畢業。正是在這段在港的學生歲月，令孫萌生了革命的想法，要推翻腐敗的滿清政府。

1894 至 1895 年的甲午戰爭，大清帝國慘敗於日本之後，[2] 孫領導了第一次起義，企圖攻下廣州，但因計劃洩露而失敗了。隨後幾年，幾次後續嘗試也沒有成功。然而，從 1898 年光緒皇帝的百日維新失敗開始，[3] 1900 年義和團之亂，導致八國聯軍攻進北京，清廷匆忙從北京逃往西安，[4] 這一系列事件，導致大多數人轉而支持革命。辛亥武昌起義成功後，中華民國於 1912 年成立，推翻了中國最後一個帝制王朝。

中華民國的成立，並沒有改善老百姓的生活。相反，國家迅速陷入軍閥割據的局面，進入另一個動盪的時代。廣東南部的村莊，經常遭到土匪襲擊，加速了流向世界各地的移民潮。

台山，余朝光的故鄉，位於珠江三角洲江門市西南部，是廣東四邑之一。到了 19 世紀，台山已成為移民工之鄉。加州的淘金熱，吸引了許多工人，出洋到美國的前景充滿吸引力。一些人成為了合同工，大部分受僱於建造橫貫美國大陸的鐵路，從太平洋到中部一段，在西部的山脈和沙漠上鋪設路軌，也有人去了夏威夷、古巴和世界其他地方。儘管在清代出境是非法的，但人們仍然絡繹於途。自 1842 年起由英國管治的香港，成為他們出國的跳板。[5] 不過，也有一些富裕的移民，選擇留在香港，因為香港離家鄉更近。香港政局穩定，有利他們建立家庭和開展事業。

從台山到香港

余朝光的父親余傑庭，屬於香港較富有的移民，從事省港之間的貿易，是一個成功的商人。1910 年代初，余傑庭做了一個艱難的決定——舉家從台山遷往香港。他把生意轉移到香港，在中區雲咸街成立公司，進口英國商品，出口絲綢和茶葉到英國和世界各地。不久，他的生意興隆起來。台山雖然地處沿海，但在那個時代，人們更傾向走陸路，因為無論是步行或坐車，都比較安全。婦女因紮腳而要坐轎子，家庭用品放在手推車上，由當時稱為苦力的低薪勞工拉著。一大隊人，有男有女和小孩，還有抬轎和拉車的苦力，會引起當地土匪的注意。全家人同時出行太危險了。於是，余傑庭把家眷分批接到香港。1913 年，余朝光來港與父親團聚。

和他同代的許多男士一樣，余傑庭有不止一位妻子。一夫多妻在香港早期並不違法，因為那時的華人受大清律例管轄。余傑庭有五個孩子，三個兒子和兩個女兒，來自五個妻子。朝光出生於 1905 年，1913 年時剛好八歲。他的同母兄長余兆光，比他大三歲。同父異母的弟弟余燦華，出生於香港，比他晚大約十年。兩個姐妹，也是來自其他母親。

一家人就住在港島羅便臣道的一間屋子裡。羅便臣道位於半山區，東面連接馬己仙峽道和花園道，西面連接巴丙頓道和柏道。即使在 1870 年代初期，羅便臣道已屬高尚住宅區，是當時歐籍中上層階級的住處。該地區無論過去或現在，都是香港最富裕的地區之一。[6] 日後，傑庭逐步買下了同街的一套又一套的房子。

余傑庭的子女，早年在哪裡接受教育，目前尚不清楚。和當時大多數年輕人一樣，長子兆光中學畢業後回國讀大學。他在北京清華學校（今清華大學）讀中、英文文學，並在美國達特茅斯學院（Dartmouth College）深造，1928 年學成回國，一向盡心報國，直到 80 高齡辭世。他初任中國茶葉公司所屬報紙《新中國》主編，後任公司副經理。1952 年 5 月，他擔任中央貿易部高級商業幹部學校教授。1954 年，他擔任北京對外貿易學院教授，兼任英語研究所所長、教務處處長，以及學院的現代語言系、翻譯系主任。

朝光 1921 年考入拔萃男書院第二班，1923 年畢業。[7] 與兄長不同，他入讀港大醫學院，入住馬禮遜堂。馬禮遜堂位於半山克頓道，由倫敦傳道會於 1913 年興建，是港大第二古老的學生宿舍。從早年開始，它就以其學術實力和運動成績而聞名。這些品質造就了馬禮遜堂精神，經歷第二次世界大戰的破壞性影響，其精神仍倖存下來，後來更把馬禮遜堂帶到了卓越的頂峰。[8]那時候，所有馬禮遜堂中人，都必須參加體育運動，並做出好成績。朝光擅長田徑運動，在學期間，為馬禮遜堂在堂際體育比賽奪得冠軍，立下不少汗馬功勞。在大學，他結識了很多朋友，其中有工程科學生楊俊成，後來成為他的妻舅。朝光英俊瀟灑，又是運動健將，在大學時代是一個風頭甚健的醫科學生。

省港大罷工（1925-1926 年）

很可惜，余家順遂的日子並不長久。香港的經濟雖然沒有受到第一次世界大戰（1914-1918 年）影響，但戰後通貨膨脹嚴重，生活成本迅速上升。工資沒有相應增加，工人階級深受其害。在 1920 年代初期，勞工爭取更高工資的罷工運動，主宰了香港的經濟。第一次嚴重的罷工，發生在 1922 年，首先由海員發起，隨後的總罷工涉及 120,000 名工人，佔人口的五分之一以上。它使香港陷入癱瘓狀態。[9]然而，與 1925 至 1926 年的省港大罷工相比，1922 年罷工的經濟後果輕微得多。1920 年代早期的罷工，主要是出於經濟原因，可以通過向工人讓步而解決。但 1925 至 1926 年的卻不同，罷工出於政治動機，並得到政黨支持。罷工持續了大約 16 個月。

事件始於 1925 年 5 月，當時上海一家日資棉紡廠的日方人員，殺害了一名中國工人。這一事件，引發了工人和學生的示威遊行。當他們在英國管轄的上海公共租界內遊行時，英國警察向他們開槍。據中方報導，有 32 人死亡，89 人受傷。[10]這一事件震動了全國，激起了前所未有的民族主義和反帝國主義情緒的爆發，尤其是針對英國人。隨著越來越多的工人罷工,上海陷入了停頓狀態。6 月 19 日,大罷工於香港爆發。6 月 23 日,當英法軍隊向在廣州沙基遊行示威的學生和工人開槍時,本已高漲的反帝國情緒達到了沸點。國共兩黨的統一戰線,聯手組織了全面罷工,抵制港英。早在 1923 年,國民黨和共產黨已為北伐統一中國結盟。沙基事件消息傳至香港,民情激憤,進一步擴大罷工規模,在香港的 75 萬人口中,先後共約 25 萬工人告辭。省港大罷工,摧毀了香港的經濟。香港與廣州的貿易崩潰,股價、房產價值暴跌,政府收入急劇下降。許多商人都破產了,據估計,高等法院每天處理超過 20 宗破產案件。[11]

余傑庭的生意也因此倒閉,要宣告破產。他失去了羅便臣道上名下所有的房子。儘管他已竭盡全力維持家計,但到 1928 年,還是無力支付朝

朝光的港大畢業證書

光最後一年的大學學費。兆光比較幸運，他已經從美國學成回國。朋友得知朝光不得不輟學，紛紛伸出援手。最後，一位富有的同學賣掉了她的珠寶來給他交學費。即便如此，學業還是延誤了六個月，最終他於 1929 年 12 月通過了畢業考試。大學記錄顯示，他於 1930 年畢業。[12] 這位女同學的善舉，成就了他的事業，朝光終生不忘、永遠感激。這位同學，後來嫁給了朝光最好的朋友，朝光終生照顧他們一家人的健康來報答她的慷慨。

建立家庭，準備更美好的未來（1930-1940 年）

畢業後的頭六個月，朝光在一艘船上當醫生，往返於香港和南太平洋的群島——斐濟、薩摩亞，同時等待國家醫院的空缺，接受進一步培訓。然而，他大部分的同學畢業後都選擇了私人執業，因為當時在香港註冊行醫並不需要實習。1930 年 7 月 1 日，他轉到國家醫院任職，這是港大醫學院的主要教學醫院。[13]

在國家醫院當實習醫生

香港西醫書院併入港大，成為其醫學院，大部分講師留任。1912 年建校時，醫學院因缺乏經費，沒有臨床部門，教學由私人執業醫生主持。臨床學系的建立，全賴洛克菲勒基金會捐款設立三個教授席：1922 年的內科和外科，以及 1923 年的婦產科。[14] 國家醫院只有大約 212 張病床，大學的內、外科學系各分得 46 張病床，婦產科只得 25 張。[15] 醫院其餘病床，由政府醫務署管轄。如前所述，那時醫生註冊不需要實習，大學建議實習醫生除了爭取臨床經驗外，還要學習做研究。[16] 在實習期間，還要學習如何做簡單的檢驗，例如測量血液中的血紅素水

平、白血球計數、分類細胞計數和紅血球沉降率（ESR），以及分析
尿液中的蛋白質、糖分和細胞，以輔助診斷疾病。實習名額有限，每
個學系只有一名實習醫生——這大概是朝光等了六個月，才得到國家
醫院任命的原因。

1931 年實習結束後，朝光決定是時候結婚，並建立自己的家庭了。當
時，香港局勢看似穩定。在 1925 至 1926 年省港大罷工的災難性打擊之
後，經濟有所好轉，但並未完全恢復，因為全球經濟大蕭條在 1929 年
開始，並持續了數年。1931 年 12 月，朝光與大學時代的心上人楊淑珧
結婚。淑珧是楊俊成的妹妹，他是朝光在馬禮遜堂的好友。楊家多年前
就移民紐西蘭，淑珧的父親是第一個獲得紐西蘭護照的亞洲人。淑珧在
紐西蘭的格雷茅斯（Greymouth）出生，是九個兄弟姐妹中最小的一
個，她在學生時代已學習英語。1920 年代，全家搬回廣州。大學第一
年的暑假，朝光應楊俊成的邀請到廣州玩，認識了淑珧，並愛上了她。

在雅麗氏紀念醫院及附屬醫院工作

實習結束後，朝光獲得了雅麗氏紀念醫院及附屬醫院的職位。新畢業生
會爭取到這些醫院任職，以獲得更多臨床經驗。如前所述，雅麗氏紀念
醫院，由倫敦傳道會和本地華人精英於 1887 年創立。何啟醫生為紀念
其亡妻，捐資興建於荷李活道。該院成為香港西醫書院的教學醫院，書
院由私人醫生創立，包括白文信醫生和康德黎醫生。白文信醫生在來港
前，已發現蚊子是絲蟲病的中間宿主，因此聲名大噪。白文信醫生離開
香港後，醫務所由康德黎醫生接手。兩位醫生在返回英國後，都獲得了
爵士頭銜。[17]

（左）：1920 年代的淑珧
（右）：1930 年，朝光與淑珧。
（下）：1931 年，朝光與淑珧的結婚照。

雅麗氏紀念醫院成立以來，病床的需求遠遠超過醫院所能提供。倫敦傳
道會因而加建了另外三間小型醫院：那打素醫院（1893 年）、雅麗氏
紀念產科醫院（1904 年）和何妙齡醫院（1906 年）。三間醫院都建在
般咸道，彼此靠近。1929 年，雅麗氏紀念醫院被拆除，也在般咸道附
近重建。四家醫院共有 126 張床位。1954 年，四間醫院合併，成為雅
麗氏何妙齡那打素醫院（一般通稱那打素醫院）。[18]

港大 1912 年成立啟用後，雅麗氏紀念醫院成為大學的教學醫院。1918
年，它被更寬敞、設備更完善的國家醫院所取代。[19] 雅麗氏紀念醫院，
早在 1904 年就購置了香港第一台 X 光機。[20] 在雅麗氏紀念醫院工作期
間，朝光獲得了放射學方面的經驗，並學會了使用 X 光機、沖洗和判讀
X 光片。朝光在雅麗氏紀念醫院工作了兩年，除了放射科知識，他還獲
得了三個主要醫學分支的寶貴經驗。1933 年 8 月，他轉職為政府的華
人醫官，被派往位於中環郵政總局的港口衛生部，並一直擔任該職位至
1935 年。[21]

長子宇楷於 1932 年在雅麗氏紀念產科醫院出生。次子宇康於次年，即
1933 年出生，當時朝光為港口衛生醫官。[22]

港口衛生醫官：學習傳染病

按航運噸位計算，1933 年的香港已是世界五大港口之一，也是中國南
方的主要商業轉口港。當年，進出境船舶總噸位超過 4,000 萬噸，其中
英國及其他國家的遠洋輪船佔 11,455 艘，內河輪、汽輪、帆船等其他
船舶有 40,036 艘。從事港口衛生工作的醫務人員，由兩名歐籍和兩名
華人衛生官組成。他們的職責，包括對船舶進行例行檢查、檢疫、疫苗

（上）1887年，雅麗氏紀念醫院。
（下）1893年，那打素醫院。
（圖片來源：雅麗氏何妙齡那打素慈善基金會）

接種，以及與移民有關事宜。[23]

所有來自「疫區」港口的船舶，或船上有傳染病人或疑似病例，船舶均要懸掛「Q」旗，並須前往檢疫碇泊處接受檢查。香港沒有針對船舶、乘客和船員的檢疫站。當需要隔離時，船隻要停在檢疫碇泊處。位於堅尼地城的政府傳染病醫院，可以收治有限數量的感染病例，但沒有空間收容接觸者。

當年，有 5,722 艘進港遠洋輪船，須由醫務人員登船檢查旅客，確保他們沒有傳染病。停靠檢疫碇泊處的船隻數量為 477 艘：有 73,474 名乘客和 41,335 名船員。醫務人員每日平均為 638 人體檢。從天花疫區口岸抵港人員，要接種疫苗。76 艘船需要熏蒸，該程序由私營公司執行，並由衛生官員監督。

醫務人員亦有責任確保，從香港出洋的人身體健康，沒有傳染病。他們還要確保，船上的住宿和衛生狀況妥當，並有充足的食物、藥品、醫療設備和消毒劑。1933 年，衛生官員檢查了 64,181 名移民，並為 69,312 人接種了疫苗。[24] 港口衛生科實在太忙了，所以在第二年又招募多一名華人衛生官。

1933 年，經港口衛生科處理過的傳染病，有天花、水痘、麻疹、腦脊髓膜炎、麻風病等。也有眼疾（主要是沙眼）、疥瘡和疔瘡等皮膚病的患者，還有幾例梅毒。此外，還有九例發燒，必須查明原因。兩年下來，朝光學到了很多關於傳染病的知識，傳染病在接下來的幾十年，繼續是主要的常見病。

1911 年廣華醫院啟用儀式上，何啟（繫領帶）站在總督盧吉（戴大禮帽）右邊。（圖片來源：東華三院文物舘藏）

九龍醫院的外科培訓

1935 至 1938 年，朝光在九龍醫院完成了他的外科「專科」訓練。九龍醫院是九龍半島的第一所政府醫院，但落成比廣華醫院晚。第二次鴉片戰爭後，今界限街以南的九龍半島和附近的昂船洲，在 1860 年被割讓給英國。該區直到 20 世紀初仍未開發，一直是英國殖民者和少數富有華人的獵虎場。雖然英國於 1898 年租借新界，並併入英屬香港，但直到 1905 年底開始興建九廣鐵路後，九龍的人口才有所增加。

雖然華人精英在九龍的不同地方，如紅磡、九龍城和油麻地，開辦了一些華人公立醫局，以滿足當地居民的醫療需求，但九龍和新界都沒有醫院。需要住院治療的病人，必須乘渡輪到港島。[25] 以何啟醫生為首的一群華人慈善家，提議在九龍地區建立一所醫院。1907 年，香港政府接受了他們的提議，並答應分五年撥款 139,340 元（相當於今天的約 600 萬港元）。1911 年，醫院落成，10 月舉行開幕典禮。醫院由東華醫院董事局管理，並命名為廣華（廣東華人）以反映其使命。[26]

九廣鐵路的興建，為九龍帶來大量工人。除了在鐵路隧道兩頭設立小診所外，政府還在彌敦道設立九龍醫局，為工人和居民提供服務。由於人口急速增長，政府於 1925 年興建九龍醫院，並將九龍醫局納入為醫院的門診部。[27] 醫院為歐籍人士和華人服務。作為區域急症醫院，它接收九龍和新界所有的外傷個案。朝光在九龍醫院累積了豐富的外科經驗，學會處理外傷病例，以及施行常見的外科手術（包括剖腹產），這對他日後的臨床工作非常有用。

出任東華三院的院長

廣華醫院由東華醫院董事局管理。東華醫院成立於 1872 年，是一家華人醫院，只提供中醫服務。[28] 1894 年，東華醫院成為可怕的腺鼠疫的一個爆發中心，1896 年政府調查之後，西醫被引入。政府任命一名華人西醫為住院醫生，並派一名醫官定期巡視醫院，以引進西醫，並推行醫院衛生改革。朝光曾任東華屬下三間醫院的院長：1938 年 9 月至 11 月在東華醫院，1938 年 12 月至 1940 年 2 月在廣華醫院，1940 年 2 月至 1940 年 8 月在東華東院。[29] 朝光和家人住在醫院的宿舍。1938 年，他的第三個兒子宇超出生。

1940 年末，朝光已在東華三院工作了兩年，是時候好好考慮自己的前途、事業和家庭。在過去的十年裡，他有機會學習不同的醫學分科：內科、外科和婦產科。他應該繼續留在醫院工作嗎？他非常享受這份工作，而且周圍總有同事可以商談。再者，九龍醫院和廣華醫院的病人大多來自基層，能為貧病人士服務，發揮人道精神，也讓他很欣慰。然而，他的家庭人丁不斷增加，他要為孩子未來的教育，提供比他自己當年更大的保障。私人執業會有豐厚的收入，尤其是以富裕階層為對象的話。經過深思熟慮，他決定離開醫院，開始私人執業，但不是在富人區，而是在比較多低下階層的油麻地區。他希望一方面為家人增加收入，同時繼續為同一區的弱勢群體服務。

他買下了九龍彌敦道 475 號的一座三層樓的房子。一家人住在樓上兩層，醫務所設在地下。他於 1941 年開始私人執業，但年底前，醫務所因二戰而暫停營業。

1940 年朝光離開東華三院時，同事贈送的牌匾，掛在他醫務所的牆上。

戰爭年代（1941-1945 年）

北伐勝利後，國民黨領袖蔣介石在南京建立了政府。由於國民黨的首要任務是消滅共產黨，所以內戰仍在繼續。1931 年，利用中國內戰的機會，日軍進犯中國資源豐富的東北全境，為日本不斷擴大的工業提供動力。接下來的幾年，日軍進一步侵入華北，佔領了越來越多的地區，然後轉向南下。1937 年 7 月 7 日盧溝橋事變，國軍與日軍交火，國民黨雖然奉行先安內後攘外的政策，還是向日本宣戰了。日軍迅速南下，佔領了中國沿海地區。到 1938 年 10 月，廣州已經淪陷，日軍繼續向深圳邊境進軍，並在那裡停了下來，因為英國並非交戰國。日本侵華導致大批難民南下，在那段時間，香港接收了大約 74 萬人。

香港保衛戰

1941 年 12 月 8 日，日軍偷襲珍珠港，同時跨過深圳邊境進軍香港，沒有向美國或英國宣戰，標誌著二戰的開始。50,000 名久經沙場的日軍，在幾個小時內就攻破了新界的醉酒灣防線，而當時英軍還以為，可以阻擋日軍的進攻至少三天。[30] 香港的駐軍，包括英國、印度和加拿大部隊，以及香港義勇軍，總人數約為 14,500 人。後兩個部隊，主要由年輕人組成，沒有受過多少軍事訓練。儘管如此，他們還是勇敢地頑強抵抗，期間有許多人死傷。1941 年聖誕節，香港總督兼總司令楊慕琦爵士投降，接著是日本人三年零八個月的殘酷統治。

日軍入侵香港之前的兩年，因為戰爭的威脅，許多歐籍平民包括醫生在內陸續離開。許多本地醫生也前往中國內地的大後方，但朝光選擇與家人留在香港。

九龍醫院位於啟德機場附近，而機場是日本空軍轟炸的目標之一。傷員源源不斷地湧入九龍的急救中心，九龍醫院的醫生需要日以繼夜地瘋狂工作。經過四天的戰鬥，九龍終於在 1941 年 12 月 11 日淪陷。那時，醫院的一切工作都停止了，因為沒有電，沒有煤氣，也不能為手術器材消毒。就連救護車也停止了運行。12 月 12 日上午，一名日軍士兵扛著步槍走進醫院。他的身後跟著一名帶刀佩槍的中士。兩名士兵接管了醫院。[31] 次日，醫院所有非華裔醫生和護士，共 55 名，都被圍捕，並轉移到彌敦道盡頭的一棟三層樓校舍。[32] 在日軍佔領期間，所有參戰的歐籍人員都被關押在深水埗、北角、馬頭涌和亞皆老街的戰俘營。其他歐籍平民，集中關押在赤柱的拘留營。

九龍醫院恢復供電後，救護車又送來傷員。現在只剩下華籍醫生了，朝光就是其中之一。當日軍強行闖入九龍醫院的手術室時，他正在給腸梗阻的病人做手術。他被命令繼續留在醫院工作。日佔期間，他在九龍醫院工作，不得不放棄私人執業。

日本統治下的生活

香港人很快就體會到，他們是活在一個高壓的政權之下。他們的征服者極其殘忍，給許多人帶來無法形容的痛苦。憲兵隊尤為可怕，他們執行處決，用囚犯進行射擊、斬首和刺刀練習。[33] 普通市民每次經過日軍哨崗，都要受到羞辱，必須向守衛鞠躬。

日本人佔領香港後，發現無法養活龐大的人口。他們遣返了非香港居民，並將人口從大約 160 萬減少到 100 萬。為了監督遣返過程，1942 年 2 月進行了人口普查，[34] 之後每年一次。人口普查讓日本人清楚了解人口規模,並找出「不良」分子。[35] 人口普查還決定了誰會收到大米、糖和花生油等日常必需品的配給證。糧食短缺導致價格上漲。大米的價格從 1943 年 8 月的每斤 0.75 元(軍票),大幅上漲到 1944 年 1 月的每斤 3 元。[36] 朝光奉命在九龍醫院工作,該醫院後來成為日軍醫院,他和家人因而免於飢餓或營養不良。

日本人很講究衛生。垃圾要確保傾倒在指定地點,糞便收集後運到港口,然後裝上船,並傾倒到海裡,[37] 後來改送到青山的堆肥專用池,作肥料用。[38] 軍政府規定,住戶每年定期進行兩次大掃除。每個區大掃除的日期都提前廣泛公佈,並由官員監督以確保人人遵守。不遵守規定的人,將面臨嚴厲的處罰。[39] 政府為居民免費接種天花和霍亂疫苗。1943 和 1944 年,開展了預防霍亂運動,「打三針、每三個月」,服從率很高。[40] 然而,部分日本官員貪污腐敗嚴重,令防疫措施大打折扣。[41] 痢疾和傷寒的流行率,居高不下。軍政府在努力防止傳染病爆發的同時,出於某種原因,解散了瘧疾局和取消了所有瘧疾控制措施。到了 1943 年,香港多個地區,瘧疾又再肆虐。防疫局於是組織抗瘧疾運動。所有 15 至 60 歲的人,都必須參加清潔社區,政府還要求居民晚上睡在蚊帳裡。[42] 在其中一次抗瘧疾活動中,朝光率領一隊人,前往於 1937 年竣工 [43] 的城門水塘大壩,[44] 排乾沼澤,以消滅蚊子的滋生地。

日佔時期,前英治下的約 600 名醫生和牙醫,經日本當局審查合格後,獲准繼續執業。當時最近建成的醫院,如瑪麗醫院、九龍醫院和東華東院,被日本人徵用為軍方醫院,拔萃男書院和九龍英童學校也遭受同樣的命運。贊育醫院、域多利精神病院、幾家傳染病醫院和那打素醫院,重新向公眾開放。[45] 國家醫院稍後也重新開放。東華和廣華醫院,繼續提供免費醫療服務。[46] 藥物既稀缺又昂貴。

（上）1945年，朝光，淑珧，以及四個兒子。
（下）1946年，朝光的家庭照片。前排左至右：余燦華、余傑庭、余兆光；後排左至右：淑珧（抱
著宇熙）、宇康、宇超、宇楷。

朝光竭盡所能，用奎寧來治療患上瘧疾的居民和日本人。奎寧，是當時
唯一可用於治療瘧疾的藥物。若病情嚴重，他只能把奎寧融化，變成液
體，然後給病人肌肉注射。硫磺類藥物，是唯一可用的抗生素，但它既
稀缺又昂貴。在沒有抗生素的情況下，霍亂和痢疾的治療，只能靠補充
液體和電解質，許多人因此喪生。[47] 由於白喉抗毒素缺乏，戰俘營許多
人死於白喉病爆發。[48] 到了 1942 年下半年，不少集中營的營友，都要
面對飢餓和慢性缺乏症，如腳氣病和糙皮病等。[49] 隨著食物變得越來越
稀缺和昂貴，香港一般居民的生活也好不了多少。1945 年初，盟軍開
始轟炸日軍的倉庫和設施。街上發現越來越多的屍體，都是死於飢餓或
腳氣病。香港居民熱切期盼重光早日到來。

戰爭開始時，余家住在彌敦道診所樓上的兩層。日佔時期，他們遷往九
龍塘，在施他佛道租了房子。由於所有學校都停課了，宇楷、宇康由私
人老師補習中、英文，而淑珧的哥哥楊俊成，則教他們數學和化學。宇
超沒有具體的學習安排，他只是坐在一起旁聽。

1945 年 8 月 15 日，日本投降。余家幼子同年出世。為了紀念這件事，
朝光和淑珧給他取名 Victor。在他出生的那天，香港恢復供電，有了光，
因而選擇了宇熙作為中文名字，意思是「宇宙之光」[50]——真是個好意
頭的名字。

戰後歲月（1945-1985 年）

1945 年 8 月 15 日，日本投降，輔政司詹遜（Franklin Gimson）立
即離開拘留營，著手組建臨時政府。兩週後，海軍少將夏慤（Cecil
Harcourt）率領英國太平洋艦隊抵達香港。他設立了臨時軍政府，以恢

復和維持治安，確保食物供應穩定，並恢復市民的信心，讓他們開始重建香港及其經濟。[51]

戰後的香港面臨許多困難。由於缺乏住房給回港居民和國共內戰帶來的難民，居住環境因而嚴重擠迫。1950 年的韓戰，導致聯合國對中國實施禁運，摧毀了復蘇中的脆弱轉口貿易。政府無力為空前龐大的難民人口提供醫療衛生、教育、住房和社會福利等服務。

香港人普遍貧窮。失業者眾，工作機會少，導致工資非常低。那時候，普通勞工一個月的收入，大約 100 元。他們的妻子，通常在家裡從事計件工作，例如刺繡，但即使是最勤快的工人，從早到晚辛勞，天黑後仍在昏暗的油燈下工作，令眼睛疲勞不堪，一天的收入也不會超過 1.20 港元。即使是八、九歲的孩子，也要掙錢幫補家計。[52]由於住房不足，聰明的房東把樓層分割成板間房。也有出租的床位，可容一個或多個家庭成員，有時要輪班睡覺，就像海員一樣。臨時搭建的木屋，在山坡上湧現。臨時棚屋白天像包裹一樣捆起來，到了晚上就遍地開花，佈滿了街道。人們睡在樓梯下、天台上和迴旋處，甚至躺在木箱裡。[53]到了1949 年，香港和九龍有 30 萬間寮屋。在寮屋區明火做飯，容易引起火災，極度危險。貧民窟是疾病、犯罪和絕望的溫床。[54]

正如人們常說的那樣，香港會像「浴火重生的鳳凰」一樣再起，這有點令人難以置信。然而，到了 1950 年代末，富裕移民帶來的技術和資金，加上看似源源不絕的廉價勞工供應，讓香港演變成區域製造中心，香港的經濟有所改善。到了 1960 至 1970 年代，本地生產總值每年以兩位數的速度增長。到了 1980 年代，生活水平已可與發達國家相媲美。

家庭生活

1945 年，社會秩序恢復後，朝光在彌敦道 475 號重開醫務所。一家人
一直住在診所樓上的兩層，直到後來朝光買下了九龍塘窩打老道 119 號
的物業，這是一棟兩層樓的大洋房，帶有約 10,000 平方呎的大花園。
睡房在樓上，客廳、飯廳、廚房及工人宿舍在樓下。他們有一名司機和
幾個家庭傭工。此外，還有一個可停放兩輛車的車房。戰後，余家的孩
子們，就是在這所房子裡長大的。

淑珧負責操持家事。她把自己的一生，都奉獻給了家人。她有一群家庭
傭工，幫忙打理家務。她和廚師商量每天的菜單，確保司機準時接送兒
子上學，把花園打理得井井有條，又督促孩子們完成作業。這比全職工
作，還要費心。晚餐總是在晚上 8 點或 8 點 30 分，朝光大概這個時間
下班回家——這是全家人每天唯一共聚的時間。確保丈夫和孩子幸福安
康，以及培養和教育孩子，是她的首要任務。孩子還小的時候，她會為
每個兒子辦生日會，並邀請他們的朋友一起慶祝。她當然愛護孩子，但
不會縱容。據宇楷說，他從小就學會了服從，因為不服從的後果是被雞
毛掃打屁股。雖然現今社會不容體罰，但在過去卻是很平常，無論是在
家裡還是在學校。淑珧在有必要時會執行家法。

朝光和淑珧把四個孩子都送進拔萃男書院。她的哥哥楊俊成從港大畢業
後，一直在那裡任教，淪陷期間他為宇楷和宇康補習。戰後，在 1946 年，
他把兩兄弟送入第六班（中學一年級），宇超則入讀第八班（小學五年
級）。

宇楷和宇康於 1952 年中學畢業，考進港大醫學院，並於 1959 年獲得醫

（左）1950 年左右的朝光
（右）1950 年，家庭合照。
（下）1951 年，朝光、淑珧與孩子們一起慶祝結婚 20 週年。

（上）1950 年代中，四兄弟合照。
（下）1950 年代後期，家庭合照。

學士（MBBS）學位。宇超於 1955 年入讀醫學院，那年醫學院課程由六年改為五年。他 1960 年畢業，取得醫學士學位。宇熙也跟隨父兄的腳步，在拔萃男書院讀高中，並於 1968 年獲得港大的醫學士學位。戰爭期間的經歷，使得朝光堅持所有兒子都要學醫。作為一名醫生，他能夠在戰前、戰時和戰後的許多年裡，養活家人和整個余氏家族，包括他的父親、父親的兄弟姐妹和他們的家人。朝光雖然有能力送兒子出國留學，但他堅信港大的醫學院不亞於英國的醫學院。四兄弟進入港大後，都住在馬禮遜堂，和父親一樣享受大學生活。他們一個接一個離家上大學，畢業後先在本地的瑪麗醫院接受培訓，然後到海外留學一段時間，以獲得專科資格。

很不幸，淑姚因一場大病於 1961 年去世，無法看到所有兒子長大成人、事業有成，感受箇中的喜悅。妻子死後，朝光沒有再婚，一直過著獨身的生活。他搬出窩打老道 119 號，把房子拆了重建，然後才搬回來。宇楷於 1962 年和楊展慈結婚，有一段時間，他和妻子搬進了窩打老道 119 號，與父親同住，並由展慈負責打理家事。

朝光的醫務工作（1945-1969 年）

雖然香港有很多私人醫生，在不同地區擁有不止一間診所，但朝光終其一生，只在同一地址擁有一間診所。然而，在 1950 年代，他確實與他的鄰居一起拆掉了彌敦道 475-477 號這兩座房子，並建造了兩座新的高層建築。他保留了三層樓供自己使用。地下作為商舖出租，閣樓是他的診所，一樓是 X 光室，二樓是診所員工的宿舍。

在戰後不久的十年裡，油麻地仍然是屬於低下階層的社區——麻雀館、按摩院、舞廳、妓女和道友的聚集地。[55] 傍晚時分,彌敦道西側的廟街,燈火通明,街上人潮湧動,擺滿了販賣各種商品的攤檔,是香港繁華的街道之一。朝光的大部分病人都住在附近,來自低收入的工人階層。許多人除非病得很重,否則不會去看醫生。朝光從不向無力支付的病人收費,他的仁慈和慷慨,在社區中廣為人知。

在 1940 年代後期和 1950 年代,附近的所有商店,包括診所,都會向黑幫交「保護費」,以避免麻煩。醫生通常每月要付約 100 港元(相當於工人一個月的工資),這是一筆不小的數目,當時每位病人的診金加藥費僅為五元。即使是最貧困地區的居民,也必須為他們的財產交「保護費」,以免被盜或被搶。貪腐滲透到社會的各個領域,包括警察、公務員、醫療服務、公共工程部門和法律系統。做任何事情,都要付「茶錢」。[56] 直到 1974 年,總督麥理浩成立了廉政公署,香港的貪污問題才得到控制。

就算支付了「保護費」,也並非萬無一失。劫匪冒充病人,向診所職員或醫生索取現金的情況並不少見。一天,一位「病人」走進朝光的診室。門關上後,病人就這樣原地站在,穿著大衣,雙手插在口袋裡。朝光向他問症時,他說有咳嗽。然後他走到醫生身邊,用沙啞的聲音問道:「可以借點錢嗎?」朝光說:「我沒有現金。」男人掀開大衣,露出腰間插著的手槍。那時,朝光沒辦法,只好把診所的所有現金都給了他。該男子拿了現金,馬上逃走。[57]

每天早上,朝光都在上午 9 點前到達診所,一直工作到下午 1 點。下午 4 點再開診,直到晚上 8 點。早上開始看診之前,朝光先檢查藥櫃,看是否有足夠的藥物給病人配藥。朝光著名的止咳水,由磷酸可待因、鹽酸麻黃鹼、異丙嗪、撲爾敏和類似雙溶劑的藥物，加上糖漿混合而成，最受兒科病人歡迎。他親自稱量配方成分，每天要準備一加侖止咳水。根據《藥劑業及毒藥條例》，香港的醫生享有豁免，[58] 可以自己配藥，無須僱用藥劑師。藥商的政策，也是以比藥劑師更低的價錢向醫生提供藥品，以致在藥房配藥更貴。在診所配藥的做法，一直持續到今天，而在大多數高收入國家，醫藥早已分家。[59]

朝光還要檢查小手術用的器具有沒有消毒，血細胞計數和測血沉的儀器、顯微鏡，還有稱藥物的天平，看看有沒有準備好。早上 9 點，他開始為等候的病人看病。初時，診所只有一名註冊護士和一名接待員。註冊護士負責消毒器具，並協助檢查病人、進行傷口縫合和拔牙等小手術。接待員登記病人，並為每個新病人開一個新病歷，以及取出覆診病人的舊記錄。朝光的每個病人都有病歷記錄，這在當時是不常見的。

隨著診所變得繁忙，他僱用了另一名護士來幫助他配藥和貼標籤，說明每個病人每天服藥的次數，以及處理其他雜務，包括準備好拍攝 X 光片的房間。朝光在 1950 年代初購置了一台 X 光機，安裝在一樓的另一個房間內。在雅麗氏紀念醫院和附屬醫院工作期間，他學會了使用 X 光機，曉得自己沖片和看片。他還要了解在診所安裝 X 光機所需的預防輻射措施。他的診所只拍胸部的 X 光片。

當時，全科醫生的工作與今天大不相同。因為香港缺乏專科醫生，全科醫生必須一身兼數職，既是家庭醫生，還要兼任內科、外科、產科、牙科、眼科和耳鼻喉科醫生。他還要兼任放射技師、藥劑師和化驗師。大多數全科醫生，畢業後即開始私人執業，沒有接受過足夠的培訓來從事這些工作。朝光很特別，因為他在開業之前，曾在醫院工作過十年，累積了豐富的經驗。

1940 年代末至 1960 年代初，傳染病肆虐，成為主要死因。腹瀉、細菌性痢疾、阿米巴痢疾、傷寒、副傷寒、霍亂、瘧疾和天花，都是流行病。醫療衛生部門的預算有限，大部分用於傳染病控制和預防。1946 年初，政府開展了預防霍亂的運動，內容包括霍亂疫苗接種和公眾教育，並為病人及其接觸者建立了特殊治療和隔離中心。結果，1946 年的霍亂流行，死亡率低於前一年。政府每年都會發起天花疫苗接種運動。1946 年，有 50 萬人接種了天花疫苗，此後幾年，每年都有超過 100 萬人接種天花疫苗。本地最後的天花病例，發生在 1952 年，香港最終於 1979 年宣佈撲滅了天花。[60] 瘧疾局於 1946 年重新運作，恢復了以前的所有控制措施。局方徵召了 600 名苦力，加上 1,500 名日軍俘虜，分散在港九各地控蚊。任何無法排掉的積水，都用皇家海軍提供的油抹上。在一些地區，用了海軍飛機噴灑二氯二苯基三氯乙烷（DDT）。[61] 這些方法證明有效。到了 1970 年代，大多數的瘧疾病例報告，都是輸入性的，而不是本地案例。1946 年推出的預防接種計劃，針對嬰兒和兒童的三大殺手——白喉、破傷風和百日咳。1970 年代，這三種兒童傳染病都消失了。[62]

雖然到全科醫生處就診的病人，大多是咳嗽感冒、腸胃不適、腹瀉等，但也有傳染性疾病的病人，醫生必須識別，把病人送往合適的醫院治療，並向衛生署報告。在 1940 年代後期和 1950 年代，天花和霍亂病例會被送往專門的傳染病醫院；傷寒、副傷寒、細菌性痢疾及阿米巴痢疾的個案，通常會轉送至西營盤傳染病醫院。非傳染性病人，通常會被轉介到政府醫院，又或病人負擔得起的私立醫院。全科醫生必須自己判斷病人何時應入院，甚麼病人可在門診跟進治療。事實上，全科醫生的存在，有助於減少需要住院病人的人數。

結核病在戰後尤為普遍。1948 年佔全港死亡人數的 14.6%，1951 年上升至 17.7%。當年結核病的呈報率（每年向醫務署上報的新結核病個案數目），達每十萬人口有 700 宗，創香港歷史最高記錄。[63] 事實證明，朝光診所的 X 光機，對診斷很有幫助。肺部陰影伴有咳嗽和咯血，雖然不能確診結核病，但患病的可能性很大。[64] 香港油麻地小輪公司的員工，每年都會到朝光的診所做胸部 X 光檢查，以排除活動性肺結核。X 光機大派用場。

朝光治療了許多活動性肺結核的病人。二戰後，以藥物治療結核病的時代到來了：1949 年鏈黴素，1952 年異煙肼，隨後有利福平等。最初，只開一種藥物，但使用一種藥物會產生耐藥性，早在 1955 年就有異煙肼耐藥的報導，[65] 後來就改用多種藥物。朝光用兩種藥物治療肺結核的病人：異煙肼和 PAS（對氨基水楊酸，另一種抗結核藥物），比官方推

1941 年，大概六個月大的李小龍，曾經是朝光的病人。（圖片來源：維基百科公有領域）

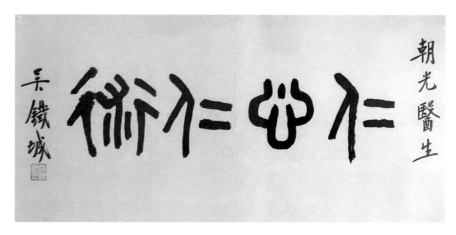

國民黨政府高官吳鐵城送給朝光的書法，掛在診所的牆上。

薦早很多。[66] 使用四種藥物（異煙肼、利福平、乙胺丁醇和吡嗪酰胺）兩個月，然後只用兩種藥物（異煙肼和利福平）四個月，來治療結核病的方案，在 1979 年才被採用。[67]1960 和 1970 年代，英國醫學研究協會（Medical Research Council）與香港政府胸肺科合作，經過許多臨床試驗之後，才得出這個方案。[68]

朝光的病人中，外科約佔 20%，可以收進聖德肋撒醫院和寶血醫院開刀。日常在診所遇到的外科病例，大部分常見的手術他都會做，包括膽囊、胃、闌尾、疝氣和乳房手術。他接生了許多嬰兒，其中部分是剖腹產的。作為一名外科醫生，他給人的印象是擁有「獅子的心、鷹的眼睛和淑女的手」——優秀外科醫生的必備品質。每逢聖誕節、農曆新年和其他中國傳統節日，他的診所常常擺滿了病人送的謝禮，包括海鮮、水果、蛋糕和葡萄酒。

朝光沒有參加醫學會議，當時也沒有延續醫學教育的要求，但他仍跟得上醫學的新發展。他通過閱讀期刊來吸收新知識，他訂閱了《柳葉刀》

（*The Lancet*）和幾本其他英國期刊。他會親自使用胸部 X 光檢查、簡單的血液和尿液檢查等化驗室技術，來幫助他確認診斷。然而，到了 1970 年代，樣本可以送到私人化驗室分析化驗，讓他能擺脫這些繁瑣的工作。

朝光的醫務工作（1970-1985 年）

1970 年，朝光 65 歲，他做了兩個決定。他搬到淺水灣居住，宇熙那時在瑪麗醫院工作，他和新婚妻子詠兒也搬來同住。他開始思考自己退休的可能性，以及應該由誰來接管他的診所。

那時，宇楷已有相當專業地位，並被任命為瑪麗醫院的外科顧問醫生，他的專長是肝臟和胰腺的疾病。宇康是腎科專家，已從英國學成回港。宇超曾在英國皇家布朗普頓醫院（Royal Brompton Hospital）接受呼

朝光位於淺水灣的房子

吸科培訓，亦已返回香港。宇熙剛剛開始接受兒科訓練，打算成為新生兒科專家。儘管朝光吸煙多年，但健康狀況仍然良好。他不想馬上退休，但希望能有接班人，接過他苦心經營多年的診所，繼續為他一向關心的當區病人服務。他的長子宇楷，接受外科培訓的時間最長，與其他兒子相比，更接近自己的經歷。1970 年，宇楷加入父親位於彌敦道 475 號的診所，他的診室設在閣樓。起初，朝光的病人拒絕由宇楷開刀，覺得他太年輕，經驗不足。為了減輕病人的不安，每次朝光都會親自刷手，充當宇楷的助手。六個月後，朝光告訴病人，他不會再當助手，因為實在沒有必要。遲早，他也得退休，無法永遠為他們開刀。

二戰後，醫學發展非常迅速，發明了新的手術，開發了新的技術。在 1950 年代後期和 1960 年代，器官移植手術很熱門。腎、肺、心、肝，一個接一個，陸續加入器官移植名單。隨後發明了使用腹腔鏡技術的微創手術，最近又引入了手術機械人系統，用於前列腺、冠狀動脈旁路和其他外科手術。這些類型的手術，只能在擁有更先進設備的醫院，由精通這些技術的醫生施行。隨著時間的推移，朝光做手術的次數越來越少。1985 年，80 歲高齡的他終於退休了。

退休生活（1985-2006 年）

隨著新界租約 1997 年到期將近，總督麥理浩希望為香港 600 萬居民確保未來的繁榮。中英談判始於 1982 年，終於在 1984 年簽署了《中英聯合聲明》。香港將在 1997 年回歸中國，以「一個國家，兩種制度」，在未來 50 年，維持市民的生活方式和香港的繁榮。[69] 儘管部分香港人對協議不滿，並以腳投票，移民到其他國家，但也有人決定留下來。在余家，已經移民澳洲的宇熙和詠兒，決定留在墨爾本。宇熙每年回香港一次，探望父親和兄長。臨近退休之際，朝光做出了一些決定，頗令家人吃驚。

受洗

退休前，朝光決志要成為基督徒，令他的孩子們大吃一驚。1983 年，宇熙收到父親的來信，說他已決定要受洗。宇熙和詠兒既驚且喜，因為他倆都是虔誠的基督徒。過去，他們有與父親談論基督教，分享他們的信仰，但從未以任何方式強迫他。他們應邀回港參加父親的洗禮，並送他一本精美的大字《聖經》。聖約翰座堂的張志明牧師為朝光施洗。朝

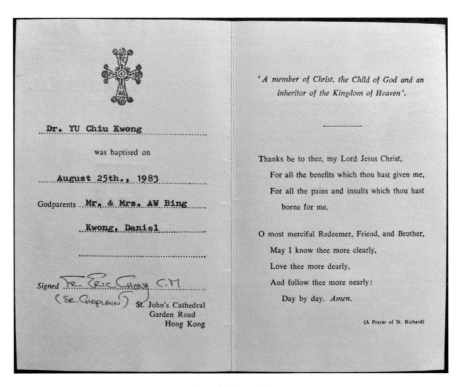

朝光的洗禮證書

光為何在 78 歲高齡時做出這樣的決定，並選擇聖約翰座堂的牧師為他施洗，這是一個謎。受洗後，朝光沒有去教堂，但他每天閱讀《聖經》，這是宇熙送他的禮物。宇楷覺得父親與上帝，有一種密切的個人關係。

戒煙

朝光年輕時已開始吸煙。儘管英國科學家多爾（Richard Doll）和統計學家希爾（Bradford Hill）早在 1950 年就報導吸煙可致癌，[70] 而美國一個諮詢委員會，1964 年向健康署長（Surgeon General）提交的研究報告，也確認兩者的關係，[71] 但吸煙的有害影響，甚至醫生也是很久以後才知道。多年來，全球煙草業界，使用了許多策略來規避政府法規。他們開動公關宣傳，利用科學和其他專業知識，為既定事實製造爭議，資助政黨，並聘請說客，企圖影響政策。他們聯合相關行業，反對煙草控制措施，為了阻止嚴厲的立法，會爭取通過自願性法規，或較弱的法律條文，有時甚至收買公職人員。[72] 即使在 1960 和 1970 年代的香港，就連醫生也似乎認為，吸煙是社會可接受的行為。香港的禁煙工作，有賴社會上眾多倡導者的協作，包括香港吸煙與健康委員會（COSH）、[73] 麥龍詩迪教授（Judith Mackay）、賀達理教授（Anthony Hedley）和林大慶教授，香港的吸煙率逐漸下降。到了 2022 年，只有 9.5% 的香港居民每天吸煙——這是世界上最低的水平之一。[74]

朝光煙不離手，在家時嘴裡總是叼著一根煙。按照宇熙的說法，抽煙對於父親來說，似乎是一種習慣多於一種癮，他會讓香煙燃燒，而不吸入肺部。有一次，朝光在墨爾本逗留了一個月左右，他大部分時間都在抽煙。宇熙和詠兒都不抽煙，所以不得不為他找煙灰缸。在一次墨爾本的旅行中，朝光出現了心絞痛症狀。宇熙帶他去看心臟病專家林延齡教授。林教授並沒有發現嚴重的冠狀動脈狹窄，需要手術干預，但他告訴朝光必須戒煙，因為吸煙會引致冠狀動脈收縮，導致心絞痛。令所有人驚訝的是，從那天起，朝光完全戒煙了，且沒有任何斷癮症狀。從此，他再也沒有抽過煙。很難想像他是如何做到的。這是由於他有堅強的意志，還是他沒有對尼古丁上癮，因他沒有真正把煙吸進去？這會不會是聖靈的幫助，讓他戒掉這個習慣，因為戒煙是在他受洗後不久發生的？不管怎樣解釋，朝光能夠一被勸告，便馬上把煙戒掉，這真是一個奇蹟。

他的旅遊

1990 年，即退休五年後，朝光從淺水灣搬到玫瑰新邨，離宇超的家很近。他在那裡住了十年。

朝光全心全意為病人服務，年中無休，也沒有離港遠遊。退休後，他或與兒孫一起旅遊度假，或獨自一人探親訪友。他在英國探訪過弟弟燦華，也曾到加州看望妹妹的家人，玩得很開心。退休後，他至少有四五次到墨爾本探望宇熙和詠兒，每次都住一個月左右。最後一次旅行，是在他 90 歲時。1995 年，宇熙和詠兒正在考慮購買聯合教會的教堂。這是他們自 1989 年以來，一直租用的地方，此前他們新成立的會眾只能在托兒中心做禮拜。朝光當時在墨爾本，他慷慨地出資 425,000 萬澳元，買下了整棟樓。1997 至 1998 年，大樓的翻新工程總計需要 580,000 澳元，由會眾籌款支付。由於朝光等人的慷慨解囊，會眾終於有了一個屬於自己的新家。會眾對朝光的捐贈表示感謝，他在回信中說：

「看到你們所有人，在促進和傳播主耶穌基督的福音和智慧時，表現出的強烈奉獻精神、獻身和決心，並以真正基督徒的方式向有需要的人伸

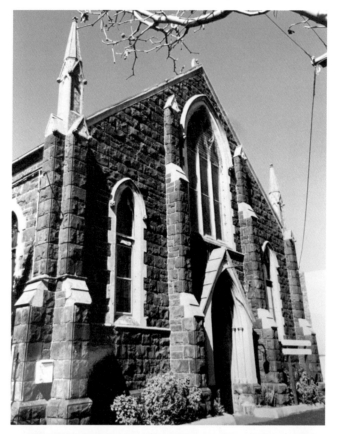

（上）澳洲墨爾本聖公會聖馬提亞堂
（下）1999年，朝光在澳洲維省港大校友會上講話。

出援手和輔導，令我非常欽佩……我覺得是上帝給我特別恩典，使我可以提供資金，讓你的子孫後代擁有自己的教會。我的禮物是上帝給你們所有人的禮物。我只是中介……」

工程的世界

余朝光醫生的故事，若不提及他弟弟燦華就不算完整。父親破產後，朝光代父親挑起養家的責任，包括異母弟妹的教育。燦華是他父親第五位妻子的兒子，比朝光小得多。燦華是聖若瑟書院的高材生，他希望學習工程學。燦華在港大土木工程系畢業後，朝光毫不猶豫地送他到倫敦帝國學院（Imperial College London）攻讀研究院課程。獲得博士學位後，燦華定居英國。由於他在這方面的知識淵博，他被任命為帝國學院預應力混凝土系的教授和主任。預應力混凝土用於建築，在生產過程中基本上經受「預應力」或壓縮，從而在實際使用時，加強抵抗所產生的拉力。壓縮是由位於混凝土內或旁邊的高強度「鋼筋」，在拉緊時所產生的。施加壓縮後，材料在承受拉力時，具有高強度混凝土的特性。建築和土木工程常常用到它，例如高層建築、基礎橋樑和水壩等。與簡單的鋼筋混凝土相比，經預應力改進性能後，可以允許更長的跨度、更小的結構厚度和節省材料。

燦華從帝國學院退休後，成為非常成功的工程師，就職於一家著名的英國工程公司。他在世界各地都有建築項目，因此經常要外遊。他特別引以為傲的項目，是考文垂大教堂（Coventry Cathedral）的重建。大教堂在戰爭期間被轟炸摧毀，他和同事們設計並重建了大教堂——就是今天的現代大教堂。重建的屋頂，被認為是一項工程壯舉。另一個項目，是興建青馬大橋，連接大嶼山和市區，便利往來赤鱲角新機場的旅客。

（上）考文垂大教堂，屋頂在二戰時遭破壞。
（下）教堂戰後重建後的樣貌

青馬大橋

青馬大橋於 1997 年竣工，曾是世界最長的鐵路公路兩用大橋。大橋以其連接的兩個島嶼，青衣和馬灣命名。大橋有上下兩層，涵蓋公路和鐵路交通。這座橋的主跨度為 1,377 米（4,518 英尺），高度達 206 米（676 英尺）。41 米寬（135 英尺）的橋面，可承載六車道的汽車交通，每個方向三車道。下層有兩條鐵軌，兩條有遮蔽的行車道，用作維修通道，當特大颱風襲港而橋面禁止通行時，可用作行車道。青馬大橋將赤鱲角機場與市區連接起來，幫助香港成為國際都會。

燦華娶了一位威爾士籍的女士，並有一個住在倫敦的女兒。退休後，他在威爾士買了一個遠離城市的大農場，並在那裡度過了餘生。燦華嘗試在他的農場，大規模生產中式豆腐和芽菜。朝光的兒子在英國進修的時候，燦華照顧他們，並在有需要時隨時提供幫助。朝光退休後，曾到農場看望他，兄弟喜相逢。也許，參觀過燦華的農場後，啟發了朝光搬到新界，遠離城市，享受清新的空氣，過著緩慢而平靜的生活。

朝光的嗜好

退休後，朝光有時間追求他長期以來的愛好——攝影。每天散步時拍照，給他極大的樂趣。回家後，他會花幾個小時沖洗照片，直到滿意為止——退休前他當然沒有這種閑心。後來，他又愛上了購買最新的相機，並找到了一個新玩具——最早的數碼相機。這為他打開了新的世界。他發現了神奇的 Photoshop 軟件，可以在幾秒鐘內改進照片，而無須在黑房埋頭苦幹。他學會了使用該軟件編輯照片，甚至教宇熙如何操作。令人驚奇的是，在有一定的誘因下，他是多麼熱切而輕鬆地，跟

100 歲的朝光教宇熙如何用電腦編輯相片

（左）朝光在康樂園的房子
（右）朝光在康樂園家的花園

上數碼時代的步伐。

生活的另一樂趣，是在週末與兒孫相聚，跟他們在香港賽馬會共進午餐。他也經常探訪好友李氏夫婦，享受與他們閑話家常。當親朋好友從海外來訪時，他喜歡以盛宴招待他們。

1999 年，朝光決定遷往新界康樂園。年紀越來越大，乘飛機長途旅行變得更加困難。住在新界的房子，他可以有一個小花園。他花很多時間打理花園，種植花卉和灌木。去苗圃挑選和購買更多的花卉或灌木，成為另一種消遣。不久，花園長滿了新的植物。在家裡，他看報紙，聽音樂。他有一個男按摩師，每週都會來為他按摩幾次。展慈為他操持家事，按時給家庭傭工發薪水，確保他得到很好的照顧。她每週去看他一次，並帶上他很喜歡的海鮮。

百歲人瑞

朝光有一個傳統，他自己和每個兒子的生日，根據新曆和農曆每年慶祝

（上）2005 年，百歲的朝光與四個兒子。
（左）2006 年，101 歲的朝光穿起拔萃男書院的外套和校呔。
（右）2006 年，朝光創立余朝光基金教授席。

兩次，讓家人有機會經常聚餐。四個兒子舉辦了一場盛大的宴會，來祝賀他的百年誕辰，許多朋友都出席了，其中包括醫學界的重要人物。那確實是非凡而豐盛的人生。

2006 年，朝光 101 歲生日時，他與四個兒子再次共聚，慶祝成立香港大學余朝光基金教授席（內科）。

最後的日子

隨著年齡的增長，朝光的健康狀況開始惡化。2006 年初的一個晚上，在宇楷和展慈離開他家後不久，家傭驚慌失措地打來電話。當他們趕回來時，發現父親癱倒在椅子上。他們將他送往最近的大埔那打素醫院，經診斷為心房顫動，並接受了治療。次日，他轉往養和醫院接受進一步

2006 年余朝光基金教授席捐贈儀式上，校長徐立之與余氏四兄弟 。

治療，兩三個星期內就康復了。接著又發生了兩次類似的事件，朝光沒能從第三次病發恢復過來。

在住院期間，他給家人寫了一些感想：

「上帝在我們出生的那一天，就已經註定了我們在這個世界上的生活方式和命運。生命何時以及如何結束，只有祂知道。我們就像是這個世界的過客一樣。我覺得我很快就會到達終點，到時候我會心安理得地離開，去祂的國度。《約翰福音》第 14 章第二至三節是這樣說的：『在我父的家裡有許多住處：若不是這樣，我早就告訴你們了。我去是為你們預備地方。我若去為你們預備了地方，就必再來接你們到我那裡去；我在那裡，叫你們也在那裡。』」

葬禮在聖約翰座堂舉行，現場擠滿了親友、感恩的病人和各界人士，向他致以最後的敬意。宇熙負責講道，他分享了父親大約十年前寫給四個兒子的一封信，該信只有在他去世後才能打開。上面寫道：「致我親愛的兒子們，宇楷、宇康、宇超和宇熙。當我們仁慈的主召喚我回去時，我非常希望能葬在薄扶林，在你們母親旁邊。我愛你們。余朝光 20/6/1996。」

宇熙相信父親對自己的得救有強烈的信心。

余朝光醫生的遺範

余朝光醫生在他的兒子眼中，是一位慈愛的父親，他的孫子會記得祖父的寵愛。病人感恩遇到一位富有同情心、又稱職的家庭醫生和外科醫

To my dear sons, Frank, Richard, Donald and Victor.

When our good Lord calls me back, it is my ardent wish that my ashes be laid besides your mother at Pok fulam,
My love to you all.

Yu Chiu Kwong
20/6/96

（上）朝光死前十年寫給四個兒子的一封信
（下）2006 年，宇熙在父親的葬禮上講道。

生。他接生的嬰兒，數以千計，都已經長大成人，為香港的醫學、教育、商業等方面，作出貢獻。他為人正直，深受同事和社會的尊重。

他對醫學界的貢獻，不僅限於他自己醫治過的病人，還通過培養四個兒子，讓他們每個都成為醫學界的棟樑。他們接受專科培訓，引進海外新知識，在本地傳播，並在各自的領域，教導了一代又一代的專科醫生。通過支持燦華，朝光間接地送給了世界和香港，一位出色的工程師。余朝光醫生生前捐贈母校，設立內科醫學教授席，為後代的教育傳承盡一分力。他是一位真正的紳士，贏得世人的敬重。

2006 年，朝光與愛妻淑桃的墓碑。

註釋

1. Marie-Claire Bergère, *Sun Yat-Sun*, trans. Janet Lloyd (Stanford, CA: Stanford University Press, 1994), 23.

2. E. J. M. Rhoads, *China's Republican Revolution* (Cambridge, MA: Harvard University Press, 1975), 27-28.

3. Meribeth E. Cameron, *The Reform Movement in China 1898-1912* (Stanford, CA: Stanford University Press, 1931), 23-35, xi.

4. Ibid, 40.

5. Elizabeth Sinn, "Emigration from Hong Kong before 1942," in *Emigration from Hong Kong*, ed. R. Skeldon (Hong Kong: The Chinese University Press, 1999), 16.

6. Mercedes Hutton. "Hong Kong's Mid-Levels Offers a Vibrant, Historic Enclave Heaped in Prestige", Mansion Global, 13 March 2021, accessed on 11 December 2022, www. mansionglobal.com

7. William Featherstone, *The Diocesan Boys' School and Orphanage, Hong Kong: The History and Records, 1869 to 1929* (Hong Kong: Diocesan Boys' School, 1930), 191.

8. Morrison Hall. Accessed on 11 December 2022, https://www.morrison.hku.hk/

9. Steve Tsang, *A Modern History of Hong Kong* (Hong Kong: Hong Kong University Press, 2006), 88-89.

10. Moira Chan-Yeung, *The Practical Prophet: Bishop Ronald O. Hall of Hong Kong and His Legacies* (Hong Kong: Hong Kong University Press, 2015), 1.

11. Tsang, *A Modern History of Hong Kong*, 92-94.

12. The Hong Kong University, *Graduate List*, (Hong Kong: The University of Hong Kong, 1974), 140.

13. Caduceus 9(3), 1930, 139.

14. Dafydd Emrys Evans, *Constancy of Purpose: An Account of the Foundation and History of Hong Kong College of Medicine and the Faculty of Medicine of the University of Hong Kong 1887-1987* (Hong Kong: Hong Kong University Press, 1987), 59.

15. *Medical and Sanitary Report 1927*, Hong Kong Administrative Reports, 1927, M1, 12-13.

16. Wong and Chan-Yeung, *Notable Doctors in the Medical History of Hong Kong* (Hong Kong: The Chinese University Press), in press.

17. Moira Chan-Yeung, *A Medical History of Hong Kong, 1842-1941* (Hong Kong: The Chinese University Press, 2018), 94-95.

18. Wong and Chan-Yeung, *Notable Doctors in the Medical History of Hong Kong* (Hong Kong: The Chinese University Press), in press.

19.Evans, *Constancy of Purpose, An Account of the Foundation and History of Hong Kong College of Medicine and the Faculty of Medicine of the University of Hong Kong 1887-1987* (Hong Kong:Hong Kong University Press, 1987), 48.

20.M. Ho, *When Science and Compassion Meet: A Turning Point in the History of Medicine in Hong Kong* (Hong Kong: Hong Kong Museum of Medical Sciences Society, 1997), 6.

21.Hong Kong, Colonial Secretariat, *Civil Service List*, 1930, (Hong Kong: Government Printers, 1904-1958), 116.

22.Ibid.

23.*Medical and Sanitary Report for the Year 1933*, Hong Kong Administrative Report 1933, Section IV, M61.

24.*Medical and Sanitary Report for the Year 1933*, M62-63.

25.Chan-Yeung, *A Medical History of Hong Kong*, 62-63.

26.Kwong Wah Hospital History, Kwong Wah Hospital, accessed on 8 January 2023. https://www3.ha.org.hk/kwh/main/en/about-history.asp

27.Chan-Yeung, *A Medical History of Hong Kong: The Development and Contributions of Outpatient Services* (Hong Kong: The Chinese University Press, 2021), 64.

28.Chan-Yeung, *A Medical History of Hong Kong 1842-1941*, 59-60.

29. 東華三院醫療委員會歷年會議紀錄。

30.Chi Man Kwong and Yiu Lun Tsoi, *Eastern Fortress: A Military History of Hong Kong, 1840-1970* (Hong Kong: Hong Kong University Press, 2014), 171.

31.Eddie Gosano, *Hong Kong Farewell* (Greg England, 1997), 19.

32.Ibid.

33.Jenny Chan and Derek Pua, *Three Years Eight Months: The Forgotten Struggle of Hong Kong's WWII, Pacific Atrocities Education* (2019), 74.

34."Partial Hong Kong Census Returns,"*The Hong Kong News*, 10 February 1942.

35."Census of Population,"*The Hong Kong News*, 30 April 1943.

36.G. B. Endacott, *Hong Kong Eclipse* (Hong Kong: Oxford University Press, 1978), 120.

37."Organised Plan for Night Soil Removal," *The Hong Kong News*, 25 March 1942.

38.P. S. Selwyn-Clarke, *Report on Medical and Health Conditions in Hong Kong*, for the period 1 January 1941 to 31 August 1945 (London: His Majesty's Stationery Office 1946), 8.

39."Hong Kong Cleansing Plan,"*The Hong Kong News*, 8 March 1942.

40."Anti-cholera Inoculation Campaigns Three Months Apart,"*The Hong Kong News*, 18 March 1943, 30 July 1943, 3 September 1943.

41.李樹芬，《香港外科醫生：六十年回憶錄》，商務印書館（香港）有限公司，2019，181。

42."Precautionary Steps against Malaria," *The Hong Kong News*, 31 March 1944.

43."The Jubilee Reservoir Today's Official Opening," *South China Morning Post*, 30 January 1937.

44.Hugh Farmer, "Shing Mun Dam and Reservoir—Articles from the 1930s," posted on 3 December 2014, The Industrial History of Hong Kong Group, accessed on 27 January 2023, https://industrialhistoryhk.org/shing-mun-dam-reservoir-article-late-1930s/

45.李威成，〈日治時期香港醫療衛生史的歷史考察：以《香港日報》為主要參考〉，哲學碩士論文，香港中文大學，2012，53。

46."Tung Wah Hospital Committee," *The Hong Kong News*, 28 March 1943.

47.D. Bowie, "Captive Surgeon in Hong Kong," *Journal of the Hong Kong Branch of the Royal Asiatic Society 15*, (1976), 172-73.

48.Ibid, 172-74.

49.Ibid, 172.

50.Victor Yu, *Victor's Story, A Blessed Life*. (see Chapter 5)

51.Steve Tsang, *A Modern History of Hong Kong*, 138.

52.Elsie Tu, *Colonial Hong Kong in the Eyes of Elsie Tu* (Hong Kong: Hong Kong University Press, 2003), 15.

53.R. Hutcheon, *High-rise Society: The first 50 years of Hong Kong Housing Society* (Hong Kong: The Chinese University Press, 1998), 3-4.

54.A. Smart, *The Shek Kip Mei Myth: Squatters, Fires and Colonial Rule in Hong Kong 1950-1964* (Hong Kong: Hong Kong University Press, 2006), 48; K. Hopkins, "Housing the Poor," in *Hong Kong: The Industrial Colony*, ed. K. Hopkins (Hong Kong: Oxford University Press, 1971), 273-305.

55.Yau Ma Tei, Hong Kong Memory, accessed on 9 January 2023, https://www.hkmemory.hk/MHK/collections/oral_history/All_Items_OH/oha_04/records/index_cht.html

56.Elsie Tu, *Colonial Hong Kong in the Eyes of Elsie Tu* (Hong Kong: Hong Kong University Press, 2003), 11.

57.〈獨身匪偽裝病者挾械劫余朝光醫生，在診治室內被劫去三百元〉，《華僑日報》，1949 年 1 月 15 日。

58.Hong Kong e-Legislation. Cap 138, Pharmacy and Poisons Ordinance [1 January 1970], accessed on 27 January 2023, https://www.elegislation.gov.hk/hk/cap138

59.The Harvard Team, "Improving Hong Kong's Healthcare System: Why and for Whom?"，accessed on 13 January, 2023, https://www.fhb.gov.hk/en/press_and_publications/consultation/HCS.HTM.

60.S. H. Lee, *Prevention and Control of Communicable Diseases in Hong Kong* (1994), 43-45.

61.*Hong Kong Medical and Health Department Annual Report*, 1946, 40-41.

62.Lee, *Prevention and Control of Communicable Diseases in Hong Kong*, 24-25.

63.*Tuberculosis and Chest Service Annual Report*, Department of Health, HKSAR, 2016.

64.為確診結核病，必須通過塗片和／或培養證明痰液或其他體液中存在結核分枝桿菌。

65.G. Middlebrook, "Isoniazid-resistance and Catalase Activity of Tubercle Bacilli: A Preliminary Report," *American Review of Tuberculosis 69* (1954), 471-472.

66.Personal communication from Dr. David Yeung.

67.*Tuberculosis Manual* 2006, Tuberculosis and Chest Service, Public Health Service Branch, Centre for Health Protection, Department of Health, Hong Kong SAR, 10.

68."Hong Kong Chest Service/British Medical Research Council Controlled Trial of 6-month and 9-month Regimens of Daily and Intermittent Streptomycin Plus Isoniazid Plus Pyrazinamide for Pulmonary Tuberculosis in Hong Kong," *American Review of Respiratory Disease 115* (1977), 727-735.

69.Steve Tsang, *A Modern History of Hong Kong*, 225-226.

70.R. Doll and A.B. Hill, "Smoking and Carcinoma of the Lung," *British Medical Journal* 2 (1950), 739-748.

71."Smoking and Health. Report of the Advisory Committee to the Surgeon General of Public Health Service, US Department of Health Education and Welfare," *Public Health Education* 1103, 1964.

72.Y. Saloojee and E. Dagli, "Tobacco Industry Tactics for Resisting Public Policy on Health," *Bulletin of the World Health Organization 78* (2000), 902-910.

73.Hong Kong Council on Smoking and Health, accessed on 21 December 2022, COSH (smokefree.hk)

74.Hong Kong Government Information Service, "Smoking Prevalence Dropped to 9.5%," 26 May 2022. Accessed on 27 January 2023, https://www.news.gov.hk/eng/2022/05/2022 0526/20220526_125509_474.

第二章
余宇楷醫生：仁慈的外科醫生

1989 年，余宇楷穿上聖約翰救傷隊官佐制服。

宇楷是朝光和淑珧的長子，1932 年出生於當時朝光工作的那打素醫院。十個月後的 1933 年，次子宇康也出生了。兄弟倆在九龍塘學校上幼稚園和小學，直到戰爭爆發，學校停課。二戰期間，他們留在家裡，請人補習中、英文，舅父楊俊成則教他們數學和科學。楊是拔萃男書院的老師，深受學生尊敬和愛戴。因為兩兄弟年齡相若，所以他們總是上同一個班級。戰後，由於許多學生缺課三年零八個月，同一班級的學生年齡可以相差很大。不到一年的差距，根本不算甚麼。

宇楷的學校生活（1946-1959 年）

戰後，在舅父的推薦下，他們於 1946 年一起入讀拔萃男書院。學校戰後重開，困難重重。

1952 年，朝光、淑珧與穿上拔萃男書院校服的四個兒子。

戰爭期間，拔萃男書院成為日軍醫院。戰後英軍接管校園，直到 1946 年 3 月才歸還給拔萃。學校重新開辦，正值總督楊慕琦回港接掌政府事務的時候。[1] 拔萃男書院的校長葛賓（Gerald Goodban）先生，日據時期淪為戰俘，正在英國休養。

拔萃男書院校董會主席何明華主教，是聖公會華南及香港區主教，1945 年 9 月他從英國回港，讓楊俊成把預科班帶到拔萃女書院，因該校將於 1945 年 10 月 1 日重開，這樣就不會耽誤了拔萃男生的學業。在拔萃女書院，楊俊成不僅教授拔萃男生預科課程，而且還在 1945 年 12 月中旬至 1946 年 3 月期間，擔任拔萃女書院代理校長，等待新校長的到來。[2] 1946 年 3 月，英國軍方將學校歸還拔萃男書院時，何明華主教曾希望楊俊成在葛賓留英期間，擔任拔萃男書院的代理校長，但拔萃女書院的新校長還未到任。1946 年 3 月 23 日，何明華主教任命舊生張奧偉接管並重開學校。拔萃男書院於 1946 年 4 月 29 日重開，由張奧偉任代理校長，[3] 但他既不是老師，且大學還未畢業。教育司署反對他的任命。可幸與葛賓一起關在戰俘營的孟克士（John Monks）於 9 月回港接任代理校長，直到葛賓於 1946 年 11 月回住。[4] 在英國期間，葛賓很努力為學校招聘教師。

2009 年，四兄弟捐了一個課室給拔萃男書院。左至右：校長張灼祥、宇楷、宇康、宇超。

宇楷和宇康很幸運，能遇上葛賓這樣的校長，因為他把英國學校最好的傳統，都引進到拔萃。除了注重學業成績外，葛賓還很鼓勵學生參加課外活動，這對學童的身心發展都很重要。

宇楷很享受他在拔萃男書院的歲月。對他影響最大的老師，是教英語和歷史的杜德保老師（Paul Dutoit）。杜老師多才多藝，興趣廣泛。他是真正的音樂愛好者，午飯時間會在學校舉辦唱片欣賞會。他對木工也很在行，還設計了學校的新小賣部。[5] 他會帶學生到九龍城的車房，了解汽車及其引擎的構造。作為杜德保老師的「粉絲」，宇楷學會了汽車保養，如微調化油器，校準和清洗火嘴，更換機油、波箱油、剎車皮和散熱器的水。杜德保老師，是香港賽車會和澳門格蘭披治大賽車的創始人。他駕駛平治 190 SL，在首屆澳門格蘭披治大賽中獲得亞軍。格蘭披治大賽車，已成為澳門重要的年度盛事，增加了該地的旅遊吸引力。杜德保駕駛技術了得，他在學校蜿蜒曲折的車道上，表演高速倒車，令宇楷和同學嘆為觀止。[6]

在拔萃男書院，學生違反校規要接受懲罰，包括打籐，素來如是，直到 1991 年，才禁止學校作出任何體罰。[7] 當時的懲罰分為三種：罰抄書或校規、留堂和打籐。教師和風紀都可以執行前兩種形式的懲罰，但打籐只能由校長執行。連續兩次留堂，會自動罰打籐。[8] 宇楷坦言自己在學校很調皮，「改過自新」前也捱過打籐。儘管如此，很多舊生似乎對被打籐至少一次，感到非常自豪。他們常常吹噓，自己在學生時代，被打過多少次籐。宇楷覺得打籐對他有效，因為他因此學會了服從。

拔萃男書院由香港聖公會開辦，課堂上會教授《聖經》。宇楷在學期間，對宗教和基督教很感興趣。不過，他上教堂，更多是想認識女孩子，因他家裡全是男孩。他於 1962 年受洗，當時他想與表妹楊展慈結婚，而她是聖公會基督堂的成員。受洗後三個月，宇楷和展慈在基督堂結婚。當時，宗教對宇楷來說似乎並不重要，但隨著年齡漸長，信仰在他的生活中，佔據了重要的地位。

中學畢業前，宇楷認真地考慮了自己的未來，以及想要從事的職業。他申請了港大的建築學系，因為他喜歡建築。當宇楷把申請告訴父親時，父親盯著他幾分鐘，然後堅定地告訴他，一定要學醫。因為他自己是醫生，戰爭期間才能養活整個家庭。不過，他也補充說，如果宇楷醫學院畢業後，仍然熱愛建築，他會支持他完成夢想。

宇楷和宇康一同考入港大醫學院，並住在馬禮遜堂。一年級的科目有生物、化學和物理，宇楷並不覺得有趣。但到了第二年，他開始對人體解剖學和生理學著迷。在畢業考試，他偏偏在最喜歡的外科失手，可幸在 1958 年 12 月，終於通過了補考，和宇康同時畢業。根據港大的記錄，他們都於 1959 年畢業。[9] 考試失利，並沒有改變他要成為外科醫生的志向。他非常努力工作，並在出名嚴格的王源美醫生指導下接受培訓。宇楷最終達成心願，成為當時最頂尖的外科醫生。

家裡同時多了兩個醫生，朝光夫婦一定很高興。這樣一來，萬一以後再有戰爭，一家人也能活下來。朝光信守諾言，問宇楷是否仍想學建築。宇楷回說，他已愛上了醫學，立志要成為外科醫生。朝光拍了拍他的肩膀，說：「好孩子。這就是我對你的期望。成為外科醫生，就像我一樣。」朝光接受的專科培訓，足以讓他成為外科醫生，但他必須養妻活兒，沒有機會參加海外的考試，取得外科的專業資格。

（上）1954年，余氏家族在馬禮遜堂。左至右：宇康、楊俊成及兒子（不是堂友）、宇熙、
余朝光醫生、宇楷、宇超。

（下）1953年，宇楷（右二）與馬禮遜堂的醫科同學。

艱苦的外科專科訓練（1959-1970 年）

完成實習後，宇楷於 1960 年加入香港醫務衛生署，在九龍醫院擔任外科醫生。他的主管王源美告訴他：「開刀要比妻子優先，你應該放下兒女私情。養成一個外科醫生，需要持續培訓十年。」儘管成為外科醫生之路如此艱難，宇楷還是義無反顧地做出了承諾。1964 年，王源美成為港大的外科教授。[10] 他是一位開創性的外科醫生，經常會嘗試新手術；他更是刀法嫻熟的巨匠，以其大膽的開刀方法而聞名。1966 年，他領導的團隊，進行了第一例心臟直視手術。他們的成功，讓類似手術在香港得以展開。在他的領導下，外科學系引進了人工腎進行血液透析，同

（左）1959 年，宇楷的畢業照。
（右）1959 年，宇楷成為實習醫生。

時開始了腎移植手術。[11] 他的另一項重大成就,是將學系從僅提供基礎外科培訓,轉變為以學術研究為導向的部門。為了研究手術進路,或測試他心目中某些新手術的可行性,他會先在驗屍室作出嘗試,或在動物身上進行實驗,然後在動物身上測試功能,才會應用於病人身上。[12] 不過,他出名脾氣差,手術不順利時,會咆哮和罵人。[13] 他對下屬尤其嚴厲,他們也最受氣。這一切,都無礙宇楷要當上外科醫生的熱情。

1960 年初,宇楷開始在九龍醫院急症室工作。當時,九龍設有急症室的醫院,只有九龍醫院和廣華醫院兩間。那時候,急症室的病例,不僅是事故或打架造成的創傷,還有重病的病人,當中有些人沒錢看醫生,有些人拖延到病重才前去醫院。急症室總是人滿為患。一名急症室醫生,在上班的八個小時裡,要處理 80 個病人並不少見。 當宇楷不值班時,他會到急症室協助進行小手術,以免外科病房超負荷 。

急症室之後,宇楷被派到醫院殮房,跟法醫學習確定死因。除了病理學或法醫病理學的受訓人員,大多數醫生都不喜歡在殮房工作。宇楷也覺得工作沉悶,又令人厭惡。 但事實證明,殮房是重溫解剖學、識別病變和練習基本手術技巧的好地方——這對任何受訓中的外科醫生,都是非常有用的練習。

1961 年,宇楷開始在外科病房和手術室工作。當時,九龍醫院只有外科、內科、骨科、婦產科、放射科、病理科等幾個部門。外科下面有幾個專科:神經外科、胸腔外科、小兒外科和泌尿科。由於九龍醫院是當時九龍唯一的政府醫院,所以九龍和新界的意外受傷個案,均由該醫院接診。宇楷在治療打鬥刀傷、交通事故引起的顱腦創傷等方面,都有豐富的經驗。當出血和腦脊髓液積聚,對腦組織造成壓力時,他會在顱骨

鑽孔以幫助緩解顱內壓，有需要時還可以施行顱骨切除術。他還學會了
處理宮外孕破裂、輸卵管卵巢膿腫等婦科急症。

1961 年，宇楷重遇幾年不見的展慈，俊成舅父的女兒。展慈早前遠赴
英國留學，成為一名專業放射技師。回港後，展慈被分配到九龍醫院放
射科工作。小時候，表兄妹經常有機會見面。1961 年，兩人都成熟了。
展慈長成了一個迷人、成熟的年輕淑女，宇楷不再是一個笨拙少年，而
是一個英俊、自信的年輕醫生。宇楷情不自禁地愛上了展慈。

1962 年，宇楷與展慈的結婚照。

1962 年，他們決定結婚。當宇楷告訴上司結婚的打算時，王源美醫生感到很失望。他告訴宇楷，外科醫生早點結婚成家也許是好事，但宇楷應該給展慈講清楚，作為受訓中的外科醫生的妻子，她會過甚麼樣的生活，這才公平。為了成就丈夫，成為一名稱職的外科醫生，她會感到孤獨和不安。在他們結婚的最初幾年，面對艱苦的外科培訓，展慈的付出要比宇楷多。

1965 年，宇楷獲得進修假期，夫妻倆遠赴英國。宇楷通過了愛丁堡皇家外科醫學院的院士考試。其後他與展慈周遊世界，1967 年返港，升任高級醫官。1970 年，宇楷有幸獲得任命，成為瑪麗醫院政府外科部的顧問醫生。那時，王源美醫生已是同一醫院大學外科部的教授。他幫助宇楷取得研究經費，為期三年，用於研究肝癌。過去，宇楷曾研究不同肝膽疾病的手術治療，例如膽道狹窄、肝膿腫和肝硬化、華支睪吸蟲引起的復發性化膿性膽管炎、惡性腫瘤等。這項研究讓宇楷有機會擔任他前上司的研究助理，實驗新的外科手術。

私人執業（1970-2021 年）

1970 年，宇楷非常高興，終於如願以償：在香港的龍頭醫院瑪麗醫院擔任顧問醫生，並與他敬仰的教授一起實驗新手術。但世事往往不是那麼簡單，這種「理想」狀態並沒有持續多久。就在 1970 年，父親邀請他加入自己的診所。當時父親已經 65 歲了。宇楷以為父親身體出了問題，想要退休。但父親說自己身體很好，只是夢見自己病得很重。起初，宇楷拒絕了，他接受了十年的外科培訓，終於得到了他職業生涯中最想要的東西。他沒有興趣加入一間全科診所，更不想放棄在學術領域發展。但父親很堅持，宇楷作為家中的長子，理應擔負起余家的重任。不管多麼不情願，宇楷覺得必須服從父親。在舊時，父親的願望就是命令。1970 年，宇楷放棄了他最珍視的工作，盡了長子的責任，在彌敦道 475 號的閣樓，父親的診室樓下，設立了自己的診所。

宇楷回憶說，父親退休後，從沉默寡言，變得友善，有時甚至是健談。有一天，他們兩人獨處，父親不尋常地坦白，開心見誠地跟他談話。他告訴宇楷，自己的父親破了產，他因為要養活整個余家，而無法去英國深造。他努力工作，讓他的四個兒子和弟弟燦華能夠到英國留學。他為自己的三個兒子和燦華能成為教授，感到非常自豪。不過，他一直在想，當年請宇楷加入他的私人診所，是否是一個正確的決定，當時宇楷在學術界已嶄露頭角，成為教授指日可待。這個想法困擾了他很久。然而，此時宇楷已經年近 70 歲。他感謝父親給了他「幸福的生活」，讓他從象牙塔走進社會，體驗真實的世界。他的旅程不是偶然或意外的，那是上帝的設計。

1970 及 1980 年代的私人執業

儘管在 1970 年代，香港經濟有所改善，但油麻地仍然是社會下層的聚居地，賭檔、舞廳、妓女和道友雲集。和父親一樣，宇楷的病人，部分也來自這個階層，他們往往付不起診金和藥費。宇楷會免費提供藥物，並把吸毒者轉介到戒毒中心。宇楷發現，私人執業與醫院行醫不同，需要深入了解每位病人。私人診所的治療，必須根據病人、家屬的需要和他們的經濟狀況，而需要作出調整。

在私人執業的第一年，宇楷感到很痛苦，因為他幾乎沒有機會，發揮過去十年艱苦磨練得來的外科技能。1971 年，父親介紹他到寶血醫院，擔任名譽外科顧問，並在外科門診兼職，情況大有改善。其後，宇楷獲得聖德肋撒醫院的收治病人許可，並獲香港佛教醫院委任為名譽顧問。在那之後，他 80% 的病人都屬外科。

在他的私人診所，宇楷可以做非常簡單的手術，比如傷口的縫合止血。所有其他手術，均在醫院完成。私人執業的外科醫生，一般只施行低風險、非緊急的手術，如甲狀腺切除、肺葉切除、乳房切除、胃切除、膽囊切除、疝氣手術、結腸切除和一些婦科手術。複雜且高風險的大手術，如心臟直視手術或移植手術等，只能在政府醫院進行——這方面宇楷只能緬懷。在 1960 和 1970 年代，麻醉科醫生很少。在私立醫院，他們專為部門主管及需要全身麻醉的病人服務。除了全身麻醉外，還使用硬膜外麻醉技術加鎮靜劑。外科醫生也會在區域麻醉下開刀，上肢手術採用臂叢神經阻滯，下肢手術採用脊髓麻醉。在佛教醫院，若病人的肺功能欠佳，有時會使用針刺麻醉，進行頭頸部手術。

1960 年代，宇楷面對的病症，跟今天很不同，例如性病（尤其是淋病引起的尿道狹窄）、脊柱和腸道結核性膿腫、如今罕見的麻風病，以及其他傳染病如傷寒、副傷寒、細菌性痢疾和阿米巴痢疾等。直到 1970 年代，他很少遇上結腸癌或肺癌病人。

三家私人醫院中，宇楷與寶血醫院的關係，比其他兩家要密切得多。1995 年，他獲委任為寶血醫院的名譽院長，任期至 2009 年。在擔任院長的 14 年期間，他得到多位同事的襄助，尤其是張文泰醫生。張醫生是腦神經外科醫生，也是熱心的基督徒，他與宇楷分享有關醫院管理的最新訊息。2010 年，78 歲的宇楷決定減少工作量，關閉了自己的私人診所，只在早上在寶血醫院看門診。他於 2021 年完全退休，時年 89 歲，執業時間比父親長了將近十年。

寶血醫院

寶血醫院的歷史可以追溯到 1930 年代，當時中華耶穌寶血女修會在深水埗經營孤兒院。深水埗，是弱勢社群聚居的地區。1937 年，寶血女修會在青山道 113 號，為孤兒和其他貧困兒童，開辦了一間醫院——寶血醫院。後來，醫院擴張，成為服務該區貧病居民的綜合醫院。[14] 二戰期間，醫院被日軍佔用，孤兒搬到寶血女修會的會院。1943 年，日本人歸還醫院，但樓宇破敗，家具全無。戰爭結束後，醫院不得不完全重建。1952 年，孤兒院與醫院分開，遷入粉嶺的新樓。最初，醫院只有兩個翼樓。1975 年，美國天主教福利會慷慨捐款，增建了第三翼，又名喬治華盛頓大樓。醫院擴建後，管理日益複雜，維持營運所需的資金，亦遠遠超出寶血女修會的能力。到了 1992 年，修會最終決定，將醫院的管理權交給香港明愛。[15]

在 1970 年代，擁有 200 張病床的寶血醫院，是香港 12 家私立醫院中，規模較小的醫院。醫院現有床位 180 張，規模雖小，但服務內容多樣，包括：普通科門診、專科門診、普通住院部、婦產科、手術室及內窺鏡室、電腦掃描及磁共振成像服務、血庫和化驗室服務、眼科、物理治療，以及中西醫結合的綜合乳腺中心。[16]

醫院的宗旨，是「以愛服務 · 締造希望」。除了基本的醫療設施外，醫院還設有幫助殘疾孤兒復康的兒童村、計劃生育和婚姻諮詢，以及協助病人申請慈善基金的社會福利部等服務。[17]

醫院還有不成文規定,所有顧問醫生都應免費為員工看診和做手術,有時還包括他們的家人。宇楷建立了一個慈善信託基金,來支援那些無力支付手術費用的病人。感恩的病人,可以捐款給信託基金,以表達他們的感激之情。多年來,該基金一直用來幫助病人支付白內障手術費用。當時香港眼科醫院還未落成,政府醫院白內障手術的輪候時間長達三四

（上）宇楷於 2010 年 3 月 31 日關閉診所,與展慈在診所合照。

（下）寶血醫院（圖片來源:黃大偉醫生）

年。多虧信託基金，許多患者能提早接受白內障手術。該基金也資助了一項篩查計劃，用以早期檢測胃癌和結腸癌。醫院的洗腎中心由獅子會支持，基金增加了一些床位，讓窮人可以低價，甚至免費接受這種保命的治療。宇楷會不時捐款給信託基金，好讓資金保持在合理的水平，以便隨時可幫助有需要的人。

改變命運的事件

2009 年，宇楷患上前列腺癌，因而辭去寶血醫院院長一職。宇楷接受開放式、根治性前列腺切除術，手術持續了大約五個小時。手術後，他的手腕出現下垂，無法抬起左手。作為醫生，他意識到這是左臂叢神經損傷和左橈神經癱瘓，導因是在冗長的手術中，左臂擺放的姿勢不佳。神經檢查發現，他的左橈神經傳導功能已喪失 90%。雖然神經鞘完好無損，但腦神經科醫生警告他，神經可能無法完全恢復，會有殘障後遺症。他的外科事業岌岌可危。儘管他已經 77 歲高齡，但想到自己的外科生涯從此結束，對他來說仍是極大的打擊。事後回顧，這件不幸的事件，是改變他一生的重要事件。

宇楷在一個不信教的家庭中長大。如前所述，他在結婚前三個月，接受了洗禮，以便婚禮可以在教堂舉行。受洗後，他每個星期日都去教堂。過了一段時間，因為忙於工作，而無法每星期日都出席。他也停止了閱讀《聖經》，儘管他家裡有五個版本的《聖經》。在左臂叢神經受傷後的兩年間，他開始祈禱，經常閱讀《聖經》，並到教堂守禮拜。他追看神學節目，例如電視連播的《創造》和網上的《一年學好聖經》。他發現神學非常有趣，並報讀了香港浸信會神學院的神學課程。

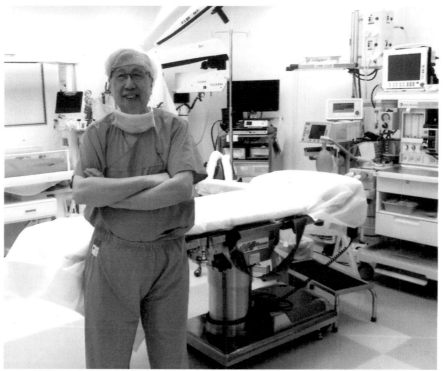

（上）2019 年，宇楷（前排右一）與寶血醫院（明愛）同事新春聯歡。
（下）2021 年，宇楷在寶血醫院的手術室。

2011 年的某一天，他驚訝地發現，自己的左手手指可以輕微活動，一週之內，他左手的癱瘓完全消失了，神經傳導測試顯示 100% 恢復。幾個月後，左側的橈神經和臂叢神經已經完全再生。宇楷相信這是神蹟，是上帝的祝福。他能再次為病人施手術，是上帝的旨意。他虔誠地祈禱，希望能秉承上帝的旨意，用好他的外科技能。宇楷重返工作崗位，直到 2021 年完全退休。

從那時起，宇楷會利用每一個機會，見證上帝的恩典，尤其是在他寫給學弟的信中，這些信件結集成《教訓》一書（見下文）。他還會在行醫時，融入基督教信仰，尤其是對癌症病人。他會徵求病人同意，向他們介紹基督教，並在手術前後為他們祈禱。他的病人大多數是基督徒，但也有一些是佛教徒，從來沒有人拒絕他的代禱。

宇楷的公益活動

聖約翰救傷隊

在加盟父親的診所後不久，宇楷於 1971 年加入聖約翰救傷隊。他於 1983 年晉升為聯隊醫官，職能包括參加定期培訓課程，審查他下面的長官和隊員的急救能力，並更新他們有關的知識。1989 年，他獲得「聖約翰官佐勳銜」。加入政府醫務衛生署後，他成為醫療輔助隊的成員，直到他 89 歲退休。

馬禮遜堂的師友計劃

余家父子五人，在大學時代都住在馬禮遜堂。多年來，馬禮遜堂的各項活動，余氏兄弟都會支持。

舊馬禮遜堂（1913-1968）有一悠久的傳統，由舍監教授學生《聖經》知識，舍監通常是倫敦傳道會和中華基督教會派來的牧師。

宇楷讀大學時，每個班級都有兩名醫生，擔任醫學生的監護人。學生有任何學習困難、情緒問題或其他個人問題，都可以諮詢這兩位醫生。宇楷的班導師，是瑪麗醫院內科的張光壁醫生和外科的許昆倫醫生。當年的監護計劃，也就是今天大學宿舍的導師計劃。舍監、馬禮遜堂委員會成員和該堂的舊生，都有資格擔任導師。

宇楷也擔任過馬禮遜堂很多學生的導師。他的導生，大多數（90%）是不同院系的博士生。其中有中國內地畢業的醫生、工程師、建築師和社會科學科教師；還有幾個是本科生。除了專注學業外，他的導生很多也加入馬禮遜堂的社會服務小組，服務香港和內地的社區，為有需要的人提供實質支援——宇楷非常支持這個項目。 例如，為內地農村學校的學生提供電腦，或幫助偏遠地區的學校建立供水和電力系統。作為基督

（左）宇楷的著作：《教訓》，2020 年出版。
（右）2017 年，宇楷（前排左三）、展慈（前排左二）與學生聚會。

徒，宇楷會利用《聖經》的篇章，給導生介紹基督的愛。內地來的導生，遠離父母，他會特別關顧。宇楷在他們人生的關鍵階段，給出的建議和指導，對他們有極大的幫助。他寫給導生的信，結集成書，書名為《教訓。余宇楷醫生：致馬禮遜堂堂友和導生，五十年行醫經驗談》，並於2020年出版。在書中，宇楷描述了在寶血醫院行醫的經歷、80歲生日的感想、退休生活和其他情況。他還寫了關於寬恕、團隊合作、領導力、婚姻和許多其他題目，分享了自己的經歷、與上帝的關係，並傳達了睿智之詞和鼓勵的說話。

癌症病人的靈性輔導

宇楷對待義診病人，與其他病人一樣，都納入他的常規外科診所。他在寶血醫院的門診，旁邊有一個聊天室，專門為病人作靈性輔導，特別是覆診的癌症病人。宇楷曾參加九龍恩福堂的癌症關懷小組，所以有輔導經驗，小組每月舉行一次輔導會，有30至40名癌症病人參加。小組的活動包括祈禱、唱讚美詩、病人的見證、牧師的講道，以及與癌症相關不同主題的講座。宇楷認為「希望」是這些病人最大的心理和靈性需求。

退休生活

宇楷於2021年4月1日退休。他與展慈婚姻美滿，並於2022年與家人一起慶祝結婚60週年。按照父親的傳統，他會慶祝新曆和舊曆的生日。他們有四個孩子和兩個孫子，因此家人經常會聚首一堂。他們疼愛兒孫，而留在香港的兒孫，都住在他們家附近。他們出門旅遊時，經常會帶同兒孫，一起享受旅行的樂趣。

（上）2022 年 12 月，宇楷與展慈慶祝結婚 60 週年。
（下）2021 年 7 月的家庭照片

人老了，生活難免有種種問題。但老年也給宇楷帶來了特殊的喜樂——與家人和朋友共度美好時光，以及無責一身輕的快樂。他還可以重拾年輕時沒時間享受的愛好，例如古典音樂和攝影。他和展慈是九龍塘基督堂的堂友。在新冠肺炎大流行期間，他們無法參加基督堂的崇拜，只好安坐家中，參加在墨爾本聖公會聖馬提亞堂網上直播的主日崇拜。

2021 年 9 月，宇楷接種了第一劑科興疫苗，但同月，他患上了右上葉肺炎。一年後，他患上了左上葉肺炎。二次都是新冠肺炎感染，但每次都是由於不同的病毒變種。宇楷兩次都幸而康復過來。對於一個 90 歲的老人來說，這算是奇蹟。儘管自己身患重病，宇楷仍與他的病人分享他的基督教信仰，並給他們介紹一本靈修書籍《荒漠甘泉》[18]。在受壓、受苦、孤獨和失去希望的時候，這本書給他的病人，帶來了極大的安慰和鼓勵。

作為一個孝順的兒子，為了順從父親的意思，宇楷犧牲了對學術事業的追求，離開公立醫院私人執業。不過，他擁有幸福的家庭生活，身邊有他心愛的妻子、孩子和孫子。他竭誠地為病人服務，無論貧富，並隨時幫助有需要的年輕人，把他們帶到上帝面前。他為人謙虛，且富有同情心。他對弱勢群體的慈善工作，彌足珍貴，並為他贏得了「仁慈的外科醫生」的稱號。宇楷服從上帝的旨意，因為意識到祂交給他的使命。他是一個快樂的人，與自己、與他人、與上帝都非常和睦。

宇楷最喜歡的金句如下：

開心的時候，讚美上主；
困難的時候，尋求上主；

安靜的時候，崇拜上主；

痛苦的時候，相信上主；

任何時候，感謝上主。

註釋

1. Yee Wang Fung and Moira Chan Yeung, *To Serve and To Lead: A History of the Diocesan Boys' School* (Hong Kong: Hong Kong University Press, 2009), 64.

2. Moira Chan-Yeung, *Daily Giving Service, A History of the Diocesan Girls' School* (Hong Kong: Hong Kong University Press, 2022), 87-88.

3. 張奧偉後來成為香港有名的大律師，曾任立法局及行政局議員，1987 年獲封爵士。

4. Fung and Chan-Yeung, *To Serve and To Lead*, 70.

5. Fung and Chan-Yeung, *To Serve and To Lead*, 179.

6. Ibid., 180.

7. Education Ordinance (Chapter 279) Education (Amendment) Regulation 1991, accessed on 29 December 2022, https://www.elegislation.gov.hk/hk/1991/ln361!en

8. Fung and Chan-Yeung, *To Serve and To Lead*, 240-241.

9. The Hong Kong University, *Graduate List*, 1974, 182.

10. "First Chinese Professor of Surgery," *South China Morning Post*, 1 April 1964.

11. The University of Hong Kong, "HKU Mourns the Death of Professor G. B. Ong, 12 Jan 2004," accessed on 28 February 2022, https://www.hku.hk/press/news_detail_4946.html.

12. Raj M. Nambiar, "Obituary, Professor Tan Sri Guan Bee Ong PSM, OBE, MD, DS, FAMS (Hon) (1921, 10 January 2004)," *Annals Academy of Medicine*, May 2004.

13. The College of Surgeons of Hong Kong, *Healing with a Scalpel, From the First Colonial Surgeon to the College of Surgeons of Hong Kong* (Hong Kong: Hong Kong Academy of Medicine Press, 2010), 98.

14. Cindy Chu, *The Chinese Sisters of the Precious Blood and the Evolution of the Catholic Church* (Singapore: Palgrave Macmillan, 2016), 80, 112.

15. "The History of Precious Blood Hospital in its 80th Anniversary," Special edition of 80th Anniversary of Precious Blood Hospital (Caritas), published by Precious Blood Hospital, 2018.

16. Ibid.

17. Ibid.

18. "Streams in the Desert, with Mrs. Charles Cowman", https://www.crosswalk.com/devotionals/desert/

第三章
余宇康醫生：腎科「教父」

余宇康醫生，香港內科醫學院院長（1998-2004 年）。

余宇康是余朝光醫生的次子,生於 1933 年,只比哥哥宇楷小十個月。所以,他們兩人在學校一直在同一個班級。

宇康的學生歲月(1946-1958 年)

戰前,兩兄弟就讀於九龍塘學校。如前所述,在戰爭期間,他和宇楷有私人補習。戰後,在俊成舅父的建議下,他們入讀拔萃男書院的第六班,並於 1952 年畢業。宇康自稱只是一個普通的學生,體育也不是很好。在學期間,他培養了一些愛好,包括網球和音樂,這些愛好陪伴了他一生。校長葛賓先生,把音樂教育引入學校,他早在 1940 年就成立了香港學校音樂協會。戰後,協會由葛賓重新開辦,更名為香港學校音樂及朗誦協會,自 1949 年起,每年籌辦香港學校音樂節,至今仍然是學界非常重要的活動。學校的另一位老師杜德保先生,會在週五的午餐時間,主辦唱片音樂會。[1] 地理老師布理頓(D. Brittain)也推廣古典音樂,他是拔萃在香港學校音樂及朗誦協會的代表。[2] 古典音樂成為宇康畢生的至愛,他經常去歐洲,出席各種音樂節和欣賞歌劇,有時還會跟他的好朋友、大學的學長達安輝教授結伴同行。

他選擇學醫,部分是因為父親的意願,也因為他自己對物理和化學的興趣。在 1950 年代,香港大學的醫學院已贏得國際認可,而大學其他的學院則還沒有。父親的鼓勵,加上自己對醫學的好奇,讓他選擇了醫學院,並與哥哥宇楷一起畢業。很難想像,余宇康教授會在畢業試失手,內科不及格,幸好他以優異的成績通過了補考。但這並沒有妨礙他選擇內科作為他的專長。[3] 事實上,這促使他加倍努力,要向全世界展示,他和其他同學一樣優秀,甚至更好,正如下文所述。

專科訓練（1959-1965 年）

宇康於 1961 年 12 月，在瑪麗醫院完成了專科臨床訓練。影響他最大的人，是麥花臣教授和達安輝教授。麥花臣教授（暱稱為老麥），以其敏銳的臨床觀察，令他折服。而達安輝則成為他終生的好友，是他激發了宇康對古典音樂、藝術及醫學的興趣。達安輝向他介紹了華格納的歌劇，還有華的哲學和歌劇的意義，尤其是《指環王》和《帕西法爾》。這些作品，成為宇康在所有華格納歌劇中的最愛。達安輝說服宇康，人生充滿挑戰，必須活得充實。[4] 然而，後來為他引路的卻是蔡永業醫生，他勸宇康走不一樣的專科培訓之路，先在倫敦的大學學院醫院（University College Hospital, UCH）從事研究，考取博士學位，為將來的學術生涯鋪路。他建議宇康選擇腎科作為他的專長，當時在英國，腎病學也只是一個新成立的亞專科。第一屆國際腎病學大會，也不過剛在 1960 年，才在日內瓦召開。

早在 1950 年代，麥花臣教授就認識到要發展亞專科，因為當傳染病受到控制後，他預計香港會出現越來越多的慢性非傳染性疾病，例如心血管病、中風、高血壓、糖尿病和癌症，就好像在英國觀察到的趨勢。他開始送年輕的醫生去海外學習一個專科，這樣他們回港後，就可以在香港建立一個新的專科。到了 20 世紀 50 年代後期，港大的內科學系，至少出現了兩個亞專科：血液科、心臟科，後來又加上內分泌科、代謝疾病科等。麥花臣教授本身是血液科專家，有趣的是，在 1950 年代初期，他又培養了另外三名血液學家——達安輝、關孝昌和楊紫芝。他後來意識到，這不是部門的最佳選擇。畢竟，相對於其他系統的疾病，血液病是比較少見的，同一家醫院的同一個部門，不需要四名血液科醫生。楊紫芝醫生後來改攻內分泌和代謝疾病科，並成立了相關單位，而關孝昌則去了美國。1950 年代中期，潘蔭基醫生被派往美國波士頓學習心臟科。回港後，他於 1956 年成立了李維氏實驗室（Lewis Laboratory），這是首間研究心臟的實驗室。不久，潘醫生離開學術界，開始私人執業。[5]

1962 年 1 月，宇康離開香港前往倫敦，開始他漫長而成功的專科培訓。他首先在倫敦醫院參加了皇家內科醫學院院士（MRCP）課程，由神經病學高級醫生史登（Gerald Stern）指導他通過 MRCP 考試的技巧。1964 年，史登被任命為 UCH 的神經病學高級顧問醫生，宇康又得與他重續舊誼。1962 年 7 月至 1963 年 6 月期間，他在哈默史密斯醫院皇家研究生醫學院（Royal Postgraduate Medical School, Hammersmith Hospital）的腎臟科，在 Oliver Wrong 教授手下工作，第一次接觸到醫學研究，這促使他決定在 UCH 進行兩年的研究。

1963 年 7 月，宇康通過了愛丁堡皇家內科醫學院的腎科考試後，於 1963 年 9 月開始，在 UCH 醫學院內科部，接受腎科的臨床和研究培訓，師從羅森海姆（Max Rosenheim）教授。由於他至少要做兩年的研究，羅森海姆教授為他註冊了博士學位課程。在該部門高級講師迪金森（John Dickinson）醫生的監督下，他開始研究血管緊張素 II 在活兔腎性高血壓中的作用。從迪金森那裡，宇康學到了基本的研究技能，以及將臨床生理學應用於臨床醫學的重要性。即使在今天，宇康仍強調要應用臨床生理學在床邊診斷，他也在每年一次的病史講座，向醫學生作出同樣的勸喻。在 UCH 的三年裡，每個星期六早上，在內科部大查房之前，宇康會向羅森海姆教授報告他的研究進展，以及另一更重要的事項，他對英國──尤其是腎科──的適應情況。宇康準備論文的時候，羅森海姆教授認真地閱讀每一頁，不僅關注科學內容，還旁及英文。

在倫敦攻讀博士期間，宇康有幸在柯芬園（Covent Garden）的皇家歌劇院觀演，其中重頭戲是華格納的《指環王》，並在皇家節日音樂廳（Royal Festival Hall）欣賞由英國和歐洲一流管弦樂團演奏的音樂會。在英國留學的經歷，令他受益匪淺，因為它塑造了他的人生哲學、他對專業和學術誠信的理解，以及他的人生觀。這對他的未來，產生了深遠的影響。

1965 年 12 月，宇康學成回港。他經歷了最好的醫學學術培訓，在當時的香港，可說是前無古人。

在內科學系建立第一個腎科組（1966-1973 年）

回港後，宇康受聘為港大內科學系的講師。他一直在瑪麗醫院工作，直到 1973 年才決定離開，轉為私人執業。1966 至 1972 年間，宇康非常辛勤地工作，從無到有，一手成立了全港首個腎病科室。[6] 他引入了經皮腎活檢，來研究腎小球腎炎和其他腎臟疾病，並引入了腎血管造影，來研究腎血管性高血壓。他與梁智鴻醫生一起，發起每週腎病科和泌尿科的聯合查房。又與專攻腎病的病理科醫生陳煥璋，每週舉行腎臟活檢的臨床病理學會議。此外，他還設立了腎病的專科門診。隨著腎科組的成立，腎臟疾病的專科培訓也開始了。腎科組後來成為腎科部。

在此期間，宇康獲晉升為港大內科學系高級講師。他還被任命為港大婦產科部門的名譽內科顧問醫生。他在贊育醫院，引介了利用生理學原則來治理子癇、先兆子癇和革蘭氏陰性感染性休克等產科併發症，將該院產婦的內科治理，帶到了 20 世紀。

1969 年，宇康在蒙納士大學亨利王子醫院（Prince Henry's Hospital, Monash University）花了六個月，學習放射免疫測定血管緊張素 II 技術，以便在皇家墨爾本醫院研究腎移植後病人的腎素—血管緊張素系統。宇康作為皇家墨爾本醫院腎科的客座醫生，在 Priscilla Kincaid-Smith 教授的指導下，深入了解急性及長期血液透析，以及腎移植和各種類型腎小球腎炎的治理。1972 年，宇康獲得醫學博士學位。他的論文，是關於末期腎功能衰竭並接受血液透析的病人，他們的腎素—血管緊張素系統的研究。他的博士論文的英文，經過老麥的精心潤色，獲得了校外考官 Sir Stanley Peart 教授稱讚為優秀的英語。

1973 年，經過多番思量，宇康決定離開大學，轉向私人執業。麥花臣教授計劃於 1974 年退休，達安輝教授將接任內科學系主任。達安輝將成為他的上司，而宇康更希望與他保持朋友關係。當然，還有其他原因。當時，宇康能否升職為教授，取決於是否有空缺，而部門中至少有一個人比他資深。他能成為內科學系主任的機會，微乎其微。其次，大學的薪水，比政府醫院的薪水低，更不用說與私人執業的相比了。另一方面，高血壓和腎病患者的數量正在增加，對私人執業的腎科專家的需求很大。再者，儘管麥花臣教授多年來一直大力推動研究，但大學的研究設施和資金仍然很匱乏。以上都是宇康決定轉向私人執業的原因。宇康的離開，對內科學系是一個沉重的打擊；要替換這樣一個訓練有素、學有所成的人是很困難的。

私人執業，不忘學術（1974 年至今）

私人執業期間，宇康著手改善本地的醫療服務，尤其是與腎科有關的。他鼓勵其他醫院發展腎科，為他贏得香港「腎科教父」的稱號。他分別於 1979 和 1982 年，在聖德肋撒醫院和養和醫院成立血液透析中心。

熱心教學的私人執業醫生為數不多，宇康繼續盡可能抽時間教學，最初他是港大的名譽臨床講師，後來成為名譽臨床副教授。多年來，作為名譽講師，他的教學負擔頗重：每年為四年級學生進行兩次基本臨床技能講座（每次 1 小時）和六至八次床邊教學（每次 1 至 1.5 小時）；每年在畢業考試之前，為學生開兩次課。宇康的教學活動，並不局限於港大。1990 年，他成為香港中文大學內科及藥物治療學系名譽教員。他在中大的教學時數，與港大相若。此外，他還是港大（MBBS）和中大（MBChB）學位考試的臨床考官。[7]2001 年，宇康獲晉升為港大及中大的名譽臨床教授。除了在兩所大學教導學生，宇康還應邀擔任醫院管理局兩所醫院的名譽顧問醫生：律敦治及鄧肇堅醫院（1994 年至今天）和瑪嘉烈醫院（1998-2020 年）。每個週三的晚上，他在律敦治及鄧肇堅醫院進行臨床大查房，無論對他或受訓人員來說，都是有益又有趣的學習經歷。

2017 年，宇康在律敦治醫院查房。

宇康為整個醫療行業的未來，盡心盡力，貢獻良多。從 1960 到 1980 年代，要獲得英聯邦的專科資格，醫生必須通過相關專科的皇家學院考試。然而，隨著 1997 年香港回歸祖國，香港不能再依賴英國的皇家學院來認證其專家。達安輝教授是有遠見的人，他的願景是仿照英國皇家學院的模式，成立我們自己的學院，並成立香港醫學專科學院，作為法定機構，來監管全港所有專科學院的培訓和考試。達安輝教授後來當選為香港內科醫學院及香港醫學專科學院的創院主席。1986 年，宇康與達安輝、陳棣光、楊永強、曹紹釗、余宇超、謝德富，以及已故的學院法律顧問 Peter Mark 先生，成立了香港內科醫學院（HKCP）。HKCP制定了培訓指南、評估標準、導師選擇程序，以及專科委員會培訓計劃的評估。最初有 12 個這樣的專科委員會，後來又增加了四個新的專科。宇康是創院時的名譽秘書，歷任副院長（1994-1995 年）、教育與評審委員會主席（1995-1998 年）、院長（1998-2004 年），以及高級顧問（2004 年至今天）。他在制定內科醫生的培訓指南方面，發揮了重要作用。

1988 年，香港內科醫學院院務委員會成員。前排左至右：曹延洲醫生、余宇康醫生、達安輝教授、陳棣光教授、謝德富醫生；後排左至右：曹紹釗醫生、Gary Nicholls 教授、D.P. Davies 教授、楊永強醫生、梁乃江醫生。

作為教育與評審委員會主席，宇康的一項艱鉅任務，是將老人科與內科結合起來，包括老年醫學的急性病治療和康復，結果他不辱使命。第二個重要的任務，是確保在傳染病、糖尿病、內分泌和新陳代謝病、血液病和風濕病／免疫病等專科中，學員有足夠的實驗室經驗和培訓，為專業培訓打下堅實的基礎。

在此期間，宇康積極參與制定指引，確保香港醫生的培訓和教育與國際標準接軌。[8] 他也是香港醫學專科學院（醫專）的創始成員。醫專於 1993 年 12 月依法成立，旨在協調所有不同醫學分科的學院的活動，促進專科醫生的培訓和延續醫學教育的發展。醫專也致力提倡醫生的行為要合乎誠信和道德，並保障和改善香港的醫療服務。[9] 不同的分科學院和醫專成立後，香港可獨立於英國皇家學院安排自己的專科教育和認證。自醫專成立以來，英國的皇家內科醫學院院士（MRCP），不再被視為專科資格，而只是進入三年內科專科和一年高級普通內科專科（Advanced General Internal Medicine）培訓的入門資格。

2013 年，余宇康教授和達安輝教授於香港內科醫學院的週年大會上合照。

宇康的另一項主要公職，是作為肺塵埃沉著病補償基金委員會的委員。
香港沒有礦業，塵肺病從何而來？戰後，由於內地難民湧入，以及戰後
的嬰兒潮，香港人口激增。從 1950 到 1980 年，人口每十年增加 100 萬。
當香港和九龍無法容納大量增加的人口時，政府開始在九龍北部和新界
興建新市鎮，同時需要交通工具將新市鎮與市區連接起來。為了興建新
的地下鐵路（MTR），在香港島和九龍之間的海港下架設了隧道。另一
方面，建造高層建築，是為了容納急劇膨脹的人口。山丘被夷為平地，
以填海造地。這些行業的工人，暴露在非常高的粉塵中。然而，沉箱工
人患矽肺病的個案，卻異常地多。沉箱，高層建築的大直徑樁，通常是
在非常困難的條件下挖掘的。1995 年以前，在香港的大型建築地盤，
通常由夫妻檔從上而下徒手挖掘，達 40 米或更深。丈夫通常以一米為
單位，挖掘並用混凝土澆築樁的圍牆，而妻子則幫助丈夫運走挖起的沙
子或泥土。更重要的是，她要確保壓縮機和橡膠管能持續向豎井底部供
應空氣。這類工作的危險，除了坍塌、突然進水或有毒氣體外，工人患
上矽肺病和減壓病很常見。宇康在肺塵埃沉著病補償基金委員會擔任復
康委員會主席。在他的管理下，人工挖掘沉箱被禁止，取而代之的，是
使用現代液壓機械，來進行沉箱挖掘工作。[10] 補償基金委員會引入了更
好的補償系統。工人不是獲得一次性付款，而是在整個失去工作能力期
間，都得到補償。此外，他還為 2,000 名領取傷殘補償的塵肺病工人提
供康復設施，讓他們能夠在律敦治醫院、沙田醫院和靈實醫院這三所醫
院接受優質的呼吸康復服務。[11]

香港腎科學會於 1979 年成立，宇康是創會會員。1981 年，他出任學會
的名譽司庫，2012 年後成為高級顧問。他推動腎科的培訓和研究工作，
不遺餘力，贏得了世界各國學者的認可。2006 年，香港腎科學會設立
了余宇康捐贈基金，以表揚宇康對腎科的貢獻，並在每年的週年學術會

議上，邀請海內外傑出腎病學家發表演講。宇康自己也慷慨解囊，捐款給基金，用來資助許多醫生和研究人員，從事腎病的研究。作為香港腎臟基金會的創始成員，他於 1984 年出任董事，並從 2016 年至今擔任贊助人。宇康亦曾為其他專業團體和醫院管治委員會服務，例如律敦治及鄧肇堅醫院（1992-2002 年）、瑪麗醫院、贊育醫院（2004-2014 年）及威爾斯親王醫院（2014-2017 年）。[12]

宇康的公益活動

宇康出名樂善好施，惠及各種公益團體。為了促進和鼓勵有關腎病的教育和研究，他非常慷慨地捐款。除了捐款給香港腎科學會的余宇康捐贈基金外，他還致力建立余氏基金教授席（腎科），以培養和鼓勵年輕的臨床醫生和科學家，進行腎病預防和治理方面的研究。第一位獲教授席的是陳德茂教授（2008-2012 年），第二位得主是鄧智偉教授（2012年至今）。此外，他還設立了余朝光臨床內科學金獎，給畢業考試中表現出色的學生。港大微生物學系，有他設立的余雷覺雲感染及傳染病中心。在中大，他創辦了余宇康余雷覺雲腹膜透析研究中心。港大的香港醫學論壇（Hong Kong Medical Forum）、中大的醫療新領域（Advances in Medicine）和香港內科醫學院週年學術會議，都有他的冠名講座。此外，他還資助了香港腎科學會在其學術會議中，設立余宇康捐贈基金獎演講。如此長的捐贈名單，可見他為善不甘後人。

攝影是宇康的愛好之一。在拔萃求學期間，他借父親收藏的祿萊和徠卡相機學習攝影，成為攝影的發燒友。龍彼得（Peter Dragon）是一位知名的專業攝影師，也是他們家的友人，宇康會在週末到龍彼得工作室的黑房，跟他學習攝影技術、沖曬和放大黑白照片。他經常在週日清晨，

（上）2007 年 11 月，余氏基金教授席（腎科）銘謝禮，陳德茂教授為首位得主。
（中）2012 年，余氏基金教授席（腎科）的兩位得主：陳德茂教授、鄧智偉教授與余宇康教授合影。
（下）2017 年，鄧智偉、宇康、宇楷、宇超在馬禮遜堂的師友計劃與導生的聚會。

到當時仍為漁村的沙田拍照。

進入港大醫學院後，他再無暇兼顧這個愛好。開始私人執業後，他又重拾對攝影的興趣。到了 1990 年代，彩色攝影的世界讓他著迷。他師從世界著名攝影家錢萬里先生，他是拍攝中國城市和風景的名家。

他的老友兼舊同事黃貴權醫生，是知名的私家內科醫生，同時又是經驗豐富的攝影師，曾獲國際沙龍一等獎等多項國際獎項。1996 年，他們開始合作，成功援引莫奈的概念，來完善印象派攝影技巧。他們每年一起旅行兩到四次，目的地包括日本的福島、京都、大阪，以及中國內地的杭州、北京和無錫，欣賞梅花、櫻桃、桃花和蓮花等各種花卉。宇康從莫奈那裡找到靈感，嘗試用特殊的技法，來實現「印象派」攝影。掌握技法後，宇康多次造訪法國巴黎吉維尼的莫奈花園，將印象派意境攝進他的莫奈花園照片中。

2018 年 1 月，攝影師宇康在無錫。

（1）2019 年，京都南禪寺的楓樹。

（2）2011 年 10 月，無錫的桃花。

（3）2015 年 6 月，巴黎吉維尼莫奈花園的蓮花池與日本橋。

（4）2000 年，北海道釧路的日本鶴。

余宇康醫生：腎科「教父」

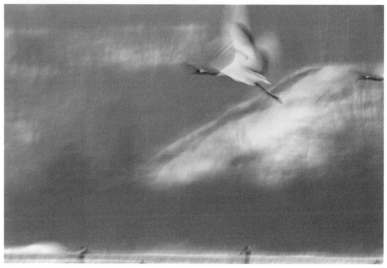

（左）香港乳癌基金會慈善攝影展《暗香疏影》封面：梅花
（右）香港腎臟基金會慈善攝影展《善福迎春》封面：桃花

2011 年 3 月，宇康為香港乳癌基金會舉辦慈善攝影展《暗香疏影》，
翌年 2 月，他又為香港腎臟基金會辦了《善福迎春》攝影展。每個攝影
展，都籌集了 100 萬元。

余宇康教授對香港腎科的發展貢獻良多。他在香港內科醫學院的工作，
確保了香港專科醫生的專業水平。很難想像，他如何能在繁忙的私人執
業的同時，兼顧繁重的教學和委員會工作。他一定是一個自律又嚴謹的
人。2008 年，他榮膺香港內科醫學院的名譽院士。澳洲和英國（倫敦、
愛丁堡、格拉斯哥）的皇家內科醫學院，也給他榮授院士頭銜。香港和
新加坡的醫學專科學院，也選他為院士。港大和中大分別授予他名譽社
會科學博士和榮譽社會科學博士學位，以表彰他對研究的傑出貢獻。
2010 年，他因傑出的公共和社區服務，而獲得銀紫荊星章。他的領導
才能、專業精神、慷慨大度和人道主義精神，值得我們學習。

（上）2010 年，宇康獲頒港大名譽社會科學博士。
（下）2011 年，宇康獲頒中大榮譽社會科學博士。

註釋

1. Yee Wang Fung and Moira Chan-Yeung, *To Serve and To Lead*, 179-180.

2. Ibid., 181.

3. The University of Hong Kong, "182nd congregation (2010), Citation. Richard Yue Hong Yu. Doctor of Social Science (Honoris Causa)", accessed on 5 January 2023, https://www4.hku.hk/hongrads/citations/richard-yue-hong-yu-richard-yu-yue-hong.

4. Ibid.

5. The University of Hong Kong, *Department of Medicine: Impact Inspirations. 1995-2019* (2021), 114.

6. Ibid, 176.

7. 香港大學鄧智偉教授提供的資料。

8. The University of Hong Kong, "182nd congregation (2010), Citation. Richard Yue Hong Yu. Doctor of Social Science (Honoris Causa)", accessed on 5 January 2023, https://www4.hku.hk/hongrads/citations/richard-yue-hong-yu-richard-yu-yue-hong.

9. Hong Kong Academy of Medicine, *In Pursuit of Excellence: The First 10 Years 1993-2003*, 15-16.

10.Hugh Farmer, "Hand-Dug Caisson Excavation in Hong Kong—Worst Recent Construction Job?—Banned 1995," October 26, 2019, The Industrial History of Hong Kong Group, accessed on 24 November 2019, https://industrialhistoryhk.org/hand-dug-caisson-excavation-hong-kong/.

11.The University of Hong Kong, "182nd congregation (2010), Citation. Richard Yue Hong Yu. Doctor of Social Science (Honoris Causa)", accessed on 5 January 2023, https://www4.hku.hk/hongrads/citations/richard-yue-hong-yu-richard-yu-yue-hong.

12.The University of Hong Kong, "2002 Honorary University Fellow, Professor Richard Yu Yue Hong". accessed on 5 January 2023, https://www4.hku.hk/honfellows/honorary-university-fellows/professor-richard-yue-hong-yu

第四章
余宇超醫生：啟發人心的呼吸科專家

1982 年，余宇超醫生獲頒授醫學博士。

宇楷、宇超和母親。

宇超是余朝光夫婦的第三個孩子，出生於 1938 年，比宇康晚五年。三歲時，他入讀九龍塘學校的幼稚園，就像哥哥們那樣。由於日本佔領香港，宇超三個月後停學，當時大部分學校停課。二戰期間，父母聘請私人家庭教師，教他的兩個哥哥中文和英文。俊成舅父教數學和科學。宇超還太小，不用正式上課，他只是旁聽。母親教他讀書和寫字。

宇超的學生歲月（1946-1960 年）

戰後，余氏三兄弟入讀拔萃男書院。由於第八班（小五）是當時拔萃最低的班級，宇超雖然只得八歲，本該上小學三年級，也被分到第八班。由於許多孩子在日據時期停學了三年零八個月，因此班上的學生，年齡比正常大很多，宇超是個例外。學校要他留級一年，但在整個中、小學和大學階段，他一直是班級裡最年輕的。

宇超很珍惜他在拔萃男書院的歲月。他不是運動健將，但他喜歡足球，並有參與球賽。拔萃當時有好幾位優秀的老師。校長葛賓教授英國文學，他啟發了很多學生，在預科時報考英國文學。另一位敬業又有辦法的老師，是布理頓（D. Brittain）先生。他為拔萃設計了一個設備齊全的地理室，這是全港首創。地理室的牆上掛著巨大的世界地圖、香港地圖和當前課程涉及國家的地圖。布理頓先生還組織課外活動，尤其是與音樂和戲劇有關的。他曾任香港學校音樂及朗誦協會的拔萃代表，以及創辦了業餘戲劇社，推動校內的戲劇活動。[1] 念大學預科時，宇超選修了生物、物理和化學，這些都是入讀醫學院所必須的。此外，只要時間允許，他也會上英國文學和地理的課。他所受的教育，比其他醫學生更廣闊一些。

根據宇超的說法，俊成舅父很霸氣，對化學實驗室的規矩非常執著。宇超頗幸運，這些年來一直沒有被他逮到。他升上中六時，學校開始引入

1948 年，宇超（前面第一排左五）、孟克士（John Monks）先生（左七）與其他同學。

1960年，宇超獲香港大學的醫學士（榮譽）學位，與母親合照。

中七，教授大學一年級的課程。[2] 當時大學名額很少，中學教授大學一年級課程，可以讓更多的學生能進大學。由於缺乏合適的老師來教授大學一年級的所有科目，男生要去拔萃女書院學習生物、中文和歷史；拔萃女書院的女生，則去拔萃男書院學習物理、化學、地理和英國文學。[3] 宇超和其他有意報考醫學院的男生，要到女拔萃學習一年生物學。

專科培訓（1961-1966 年）

宇超是非常出色的學生，在學期間獲得多個獎項和金牌，其中包括解剖學的吳理卿獎、方鎮標病理學金獎、方鎮標內科學金獎、外科學狄比紀念獎，以及頒給整個醫學院課程總分最高者的安達臣金獎。[4] 以他這樣優秀的成績，無論大學的內科或外科部，都會歡迎他加入。他選擇內科的原因有很多。儘管麥花臣教授（老麥）為人專制，亦有其他不足之處，但他出色的臨床觸覺和清晰的思路，卻能令宇超拜服。宇超是為數不多、敢於在臨床上挑戰老麥的住院醫生，他能據理力爭而贏得老麥的尊重。如果老麥錯了，他會公開道歉——很少有教授會這樣做。

降臨節期間的一個早上，瑪麗醫院一個病房外的走廊，暗灰色的牆壁上被畫上了一幅令人眼前一亮的卡通，這幅用廣告彩繪製的老麥與史托（F.E. Stock）教授決鬥的漫畫，正是宇超的傑作。眾所周知，兩位教授經常爭奪資源。焦急等待老麥反應的人，都大失所望。老麥在漫畫前停了下來，看了幾分鐘，笑著走向他的辦公室。該漫畫由達安輝醫生拍

麥花臣教授，於 1948 至 1974 年任職於港大內科學系。（圖片來源：港大內科學系）

1964 年，宇超有名的卡通——史托教授（左）與麥花臣教授（右）比試。

攝成黑白照片，後來由瑪麗醫院的另一位醫生黃貴權修復了顏色。這張
照片，留住了這個特別時刻。

宇超為人友善、幽默、愛玩，深受內科學系同事喜愛。與他共事其樂無
窮，和他一起查房，保證一刻都不會沉悶。

二戰前後，胸肺科醫生主要照顧肺結核患者。戰後的頭幾年，貧困、過
度擠迫和營養不良導致結核病的發病率高企，至 1951 年每十萬人中就
有近 700 人發病，[5] 並佔香港所有死亡人數的 20%。當然，還有很多肺
炎和支氣管炎病人。在 1960 和 1970 年代，疾病的模式發生了變化。隨
著香港經濟逐步發展，市民的生活水平不斷提高，更接受西方的生活方
式：食物有更豐富的蛋白質，包括紅肉，抽煙更多，而且缺乏運動。與
此同時，通過公共衛生措施和使用抗生素，傳染病得到了更好的控制，
非傳染性慢性病也如前述，逐步出現。在呼吸系統疾病領域，發現了治
療結核病的新藥，採用四種抗結核藥物的標準療程，六個月即可治癒。
由於吸煙率上升，慢性支氣管炎、慢性阻塞性肺病和肺癌病例增加。有
趣的是，哮喘的患病率，在 20 世紀 70 年代也呈上升趨勢。所有這些疾
病，都需要新知識來了解其發病機制和制定治理方案。

1964 年，對內科學系發展有清晰願景的老麥，問宇超是否對呼吸科感
興趣，因為部門需要一名呼吸科醫師。英國的疾病模式變化，先於香港。
在英國，老麥見證了老一輩、以治療肺結核為主的胸肺科醫生，被新一
代、提倡生理學和循證醫學的胸肺科醫生所取代。宇超留學的皇家布
朗普頓醫院，就是一個很好的例證。它於 1841 年成立，是專門治療結
核病患者的醫院，得到包括王室和狄更斯（Charles Dickens）在內的
許多人大力支持。1940 年，它被納入國家健康服務體系，開始治療心

臟病患者。[6]1947 年，醫院成立了胸肺疾病研究所（Institute of Chest Diseases），成為教學醫院和正式的胸肺疾病教學中心。在 1960 年代，醫院收治的病人，大多患有其他類型的胸部疾病，例如哮喘、慢性阻塞性肺病、囊性纖維化和間質性肺病，而不是肺結核。醫院還有一個肺功能實驗室，配備了最新的設備，用來測量肺功能的不同參數，以及一個運動實驗室，可以測量各種疾病的生理變化，作為治療的基礎。1972 年，醫院的胸肺疾病研究所與心臟病研究所合併，成為英國國家心肺研究所（National Heart Lung Institute）。[7]

在宇超動身前往英國之前，老麥送他到律敦治療養院學習四個月，增進有關胸肺疾病的知識。律敦治療養院位於灣仔的一座小山上，原址是始建於 1842 年的海員醫院，該醫院的服務對象，為私營公司和船公司的生病船員。1873 年，醫院遇到財政困難，轉賣給海軍部，成為皇家海軍醫院。1941 年，香港保衛戰期間，醫院被日軍多發砲彈擊中，海軍部認為無法修復。1947 年，香港帕西裔傑出企業家律敦治（Jehangir Hormusjee Ruttonjee）先生慷慨捐助香港防癆會（即今天的香港防癆心臟及胸病協會），買下皇家海軍醫院，將其改建為結核病療養院，以紀念死於結核病的女兒。[8]香港非常幸運，聖高隆龐傳教女修會的總會長剛好到訪香港。該女修會於 1922 年在愛爾蘭成立，一直與聖高隆龐傳教會神父合作，在中國傳教。由於中國內戰和中華人民共和國的建立，外國傳教士陸續自願或被迫離開中國。香港醫務署署長邀請聖高隆龐的修女來港管理律敦治療養院。[9]1948 年，來自中國漢陽的第一批修女抵達香港，標誌著聖高隆龐傳教女修會與律敦治療養院，長期合作的開端。

區貴雅修女（Mary Aquinas Monaghan）和紀寶儀修女（Mary

（上）1950 年代的律敦治療養院（圖片來源：香港防癆心臟及胸病協會）
（下）1970 年代，宇超與區貴雅修女（左）和紀寶儀修女（右）。

Gabriel O' Mahony）都是內科醫生，在前來律敦治療養院之前，曾接
受過治療結核病的專門培訓。她們服務香港多年，直至 1985 年區貴雅
修女去世，1997 年紀寶儀修女退休，當時香港的結核病呈報率已降至

每十萬人有 109 宗，結核病在香港已不再是重要的傳染病。

儘管一開始資源非常有限，但修女籌集了足夠的資金，建造了一個手術室，為有需要的病人施手術，例如胸廓成形術和肺葉切除術，由外科名醫許昆倫醫生執刀。港大的侯信（Arthur Hodgson）教授，也為律敦治療養院的脊柱結核病患者施行享譽全球的「香港手術」。[10] 在 1960 和 1970 年代，律敦治療養院與政府胸肺服務部門一起與英國醫學研究協會（MRC）合作，進行了各種藥物治療結核病方案的臨床試驗。宇超對兩位修女的奉獻精神、在臨床和管理方面的專業知識，以及許昆倫醫生和盧觀全醫生的義務手術，都留下深刻的印象。對於宇超來說，這是一次非常愉快和有趣的學習經歷。

老麥作了安排，由皇家布朗普頓醫院的斯卡丁（John Scadding）教授來監督宇超的訓練；因此，宇超可以師從英國最好的胸肺科醫生。宇超先到 Frank Prime 醫生的生理學系，學習使用體箱測量氣道阻力和肺容積，以及使用放射性氙氣掃描儀，測量肺部通氣及血流灌注（V/Q）分佈。在此期間，宇超每週參加一次斯卡丁教授的大查房。然後，他作為高級實習醫生，跟 Neville Oswald 醫生和 Frank Haddow Scadding 醫生（與斯卡丁教授無關）工作了六個月。Neville Oswald 醫生的專長，是慢性阻塞性肺病和哮喘。[11] 隨後的六個月，宇超追隨哮喘和過敏專家 Jack Pepys 教授學習。在皇家布朗普頓醫院的兩年，宇超學會了結核病以外的肺部疾病的治理、肺功能測量的最新進展，以及過敏測試和吸入激發試驗在哮喘治理中的應用。留英期間，宇超於 1965 年在倫敦與簡桃桃結婚。學業有成的宇超，帶著新婚妻子回到香港，其樂可知。1966 年年中，他被任命為港大內科學系講師。

（上）皇家布朗普頓醫院（圖片來源：許建名醫生）

（下）1965 年，宇超與桃桃在倫敦結婚。左至右：宇楷、展慈、桃桃、宇超、宇康。

香港大學內科學系的呼吸科醫生（1966-1982 年）

宇超在港大內科成立呼吸組。他著手在瑪麗醫院建立香港第一間肺功能實驗室，並把它併入「李維氏實驗室」，該實驗室十年前成立，是研究心臟病的實驗室。開始時，他使用排水式肺活量計，來測定肺活量和描繪流量—體積曲線。然後，他添加了設備，使用氦氣沖洗法測量肺容積，以及用單次呼吸法測量擴散能力。最後，他組裝了用於運動測試的設備，以測量呼吸氣體交換，並評估運動期間的心輸出量。宇超需要自己動手組裝這些儀器，因為當時市場上還沒有現成的肺功能測試儀器。他有一位未經訓練的實驗室助理盧根明，他為人勤奮好學，渴望追求新的知識和技術，最後獲得了正式的肺功能技師執照。肺功能實驗室，幾乎是宇超一手一腳建成的，讓他感到無比滿足。在 Frank Prime 實驗室度過的時光，非常值得。

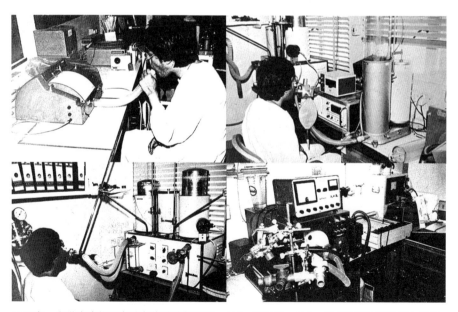

1972 年，安裝在李維氏實驗室的肺功能儀器。左上：肺量計；右上：單次呼吸法擴散能力測定；左下：氦稀釋法肺容積測定；右下：閉合容積測定。（圖片來源：蘇淳養醫生）

2022 年，測量氣道阻力和肺容積的體箱。
（圖片來源：林志良醫生）

1966 年，呼吸內科學引入了光纖支氣管鏡，這個新儀器，成為胸肺科醫生最重要的武器之一。[12] 光纖支氣管鏡，柔軟度高容易操作，可廣泛應用於診斷和治療，加上病人舒適度高且易於鎮靜，這種種優點，令它在呼吸科的使用，呈指數級增長。[13] 宇超在布朗普頓醫院留學的時候，光纖支氣管鏡還未面世。宇超花了四年的時間遊說，政府才肯購入光纖支氣管鏡。有趣的是，最初的反對者，竟然是來自他自己的內科部門，因為支氣管鏡檢查在當時是屬於外科的領域。那時，香港沒有正規的專科培訓，也沒有資金派人到海外的支氣管鏡檢查中心接

受培訓。宇超在瑪麗醫院胸外科醫生莫志強的指導下，開始自學光纖支氣管鏡檢查。宇超發現檢查相當簡單、容易掌握，他沒遇到過問題。那時，沒有關於光纖支氣管鏡檢查培訓的指引，也沒有規定光纖支氣管鏡檢查要達到多少操作時數，才能認定為能夠勝任。第二年，當部門添加了教學用的附屬鏡時，宇超已經累積了足夠的經驗，可以開始教導他的學員進行支氣管鏡檢查。

1968 年，宇超到期放學術休假。他選擇了加州大學三藩市分校（University of California, San Francisco）的心血管研究所（Cardiovascular Research Institute），與 Warren Gold 教授合作，

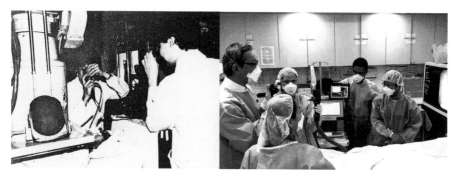

1980 年代（左）和 2022 年（右）的光纖支氣管鏡檢查（圖片來源：蘇淳養醫生和林冰醫生）

使用狗模型研究迷走神經對抗原引發的支氣管收縮的作用。在那裡，他學會給狗插管、進行可逆的迷走神經阻滯，以及鉭支氣管造影。他還學會了在剛好 15 分鐘內分享他的研究成果，然後接受學術委員會的提問。這些質詢，比國際會議上遇到的問題更難，對研究項目有很大幫助。學習報告研究成果，是年輕研究人員培訓的重要方面，有助他們做到言簡意賅、思路清晰、思維敏捷。每週五下午，實驗室的所有員工，都會在一起享受歡樂時光，有時還會去釣三文魚。1972 年，宇超在美國胸肺科學會的學術會議，報告關於迷走神經在抗原誘導的支氣管收縮中的作用，他的演講獲得 Cecile Lehman Meyer 獎。

在三藩市，宇超不但吸收了科學知識，也受到當時的嬉皮士運動影響。回港後，長髮披肩的他出現在病房，令老麥大吃一驚。面對老麥的質問，宇超辯稱，古時的希波克拉底，很可能也是留長髮的。老麥投向宇超的眼神，會令一般人不寒而慄。老麥回說，希波克拉底是個禿頭，不過他有留鬍子。宇超戰戰兢兢地問老麥，他可不可以也留鬍子。老麥勉強點了點頭，又補充說，只要他能打理得好。從此，宇超開始蓄起他那標誌性的小鬍子。

宇超開創的另一個重要傳統，是與胸外科醫生、微生物學家和放射科醫生顏亨利一起，進行綜合臨床查房，以提高學員的學習體驗。他的創新和熱情，啟發了兩名學員——林華傑醫生和蘇淳養醫生，成為呼吸系統科的專科醫生。林華傑醫生其後成為教授，香港大部分的呼吸科醫生，都出自他門下。蘇淳養醫生則成為私人執業的傑出呼吸科醫生。在 1980 年代，他們推動呼吸科在內科部門的逐步發展，並取得成功；也為推廣呼吸醫學盡心盡力，促成香港胸肺學會和香港胸肺基金會的成立。

宇超 1973 年晉升高級講師，1977 年成為教授，1982 年獲醫學博士學位。他的論文題目是「關於甲狀腺功能亢進症病人對運動的生理反應：β 受體阻滯劑和抗甲狀腺治療的影響」。這篇論文，是獻給已故的麥花臣教授的。宇超寫道：「麥花臣教授是一位出色的老師，一位傑出的系主任，一位親愛的朋友，他教誨我們研究的本義，應是一種追求探究的精神，而不是為了增添多一篇論文。」這總結了宇超對他的教授的高度評價。

宇超的兩名徒弟林華傑醫生和蘇淳養醫生，在布朗普頓醫院完成培訓，並取得專科資格回港，大學內科部的呼吸科不斷成長和成熟。1982 年，宇超決定離開大學，另闢蹊徑——私人執業去了。那時，宇康已經私人執業了大約八年，而且業務蒸蒸日上。這似乎是離開的好時機，因為他可以放心把呼吸科交給他的兩名弟子。儘管他的研究表現出色，醫學博士論文也獲得白文信爵士金獎，不過他在三藩市的心血

1982 年，宇超的醫學博士論文。

管研究所全職研究時，已發現他真正熱愛的是臨床醫學。在港大內科學系很難更上層樓，因為在他前面，還有好幾位學長。再者，他的家庭人丁漸多，需要更多資源來供養他們。在離開大學之前，他與心臟科專家合作，在瑪麗醫院建立了深切治療部，這是香港的第二個深切治療部。

（上）1974 年的港大內科學系，宇超在前面第二排右三， 麥花臣教授在第一排中間。
（下）1980 年代，宇超與內科部同事。左至右：宇超、曹紹釗醫生、達安輝教授、徐康先生、
陳棣光醫生。

（上）2016 年，慶祝李維氏實驗室成立 60 週年。中間的是達安輝教授，左邊為蘇淳養醫生，
右邊為宇超。

（下）2016 年，李維氏實驗室成立 60 週年。

私人執業的呼吸科醫生（1982 至今天）

私人執業的宇超，能夠充分發揮自己的臨床技能，並贏得病人及家屬的感激。他為聖保祿醫院，開啟了一個新的肺功能實驗室。他也協助養和醫院，成立深切治療部。自 1982 年以來，在他的努力下，光纖支氣管鏡也普及到私立醫院。然而，宇超很懷念在大學的日子，那些啟發思考的學術交流和挑戰，以及大家庭的氛圍。最初，他以名譽講師的身份，繼續在大學內科部教授醫學生，後來擔任名譽臨床副教授，並於 2010 年成為內科學系的名譽教授。

自 1980 年代以來，更多的醫生接受呼吸科培訓，並獲得相關的專業資格。雖然成立香港胸肺學會的想法，可以追溯到 20 世紀 80 年代初，但真正著手籌備還要等到 1986 年。第一次會議的發起人，包括宇超、蘇淳養、陳兆麟、林華傑、陳乃圭、任燕珍、彭志剛、紀寶儀修女、姚榮衛等，聯同其他胸肺科醫生和外科醫生，正式討論成立香港胸肺學會。香港胸肺學會，於 1986 年 10 月 21 日正式成立。宇超是學會的創會理事，多年來一直積極參與學會的事務，引領其發展。他參加學會的許多學術活動，並慷慨出資款待來香港演講的嘉賓。他還為學會舉辦年度晚宴，以確保成員的凝聚力。當學會有需要時，他總會及時出現。1996 年，學會成員創立香港胸肺基金會。基金會是依賴捐款維持的慈善機構，致力於促進健康，以及對肺部疾病更好的了解和護理。為了答謝宇超多年來對學會的慷慨支持，基金會在學會每年的學術會議，設立余宇超醫生講座。第一位講者，是 2019 年的鍾南山教授。

開業之餘，宇超的活動也不僅限於與呼吸科有關的。他還會花時間在他關心的其他項目：香港內科醫學院和香港過敏科醫學會。他是香港內科

（上）2019 年，首屆余宇超醫生講座的講者是鍾南山教授（前排第一行左六），宇超坐在教授旁邊。
（下）1970 年代，宇超（右二）邀請參加香港胸肺學會年度學術會議的澳洲客人遊船河。

醫學院的創院院士，並參與了院徽的設計。香港過敏科醫學會，由一群過敏科醫生、胸肺科醫師、兒科醫生和皮膚科醫生，於 1996 年創立，旨在推廣過敏學科。宇超是學會的創始會員，他的專業知識、智慧和幽默感，一直是學會成長的「養分」。學會成功推動，讓過敏醫學成為香港認可的專科，並向公眾傳播過敏症的知識。為了表彰宇超多年來的慷慨支持，香港過敏科醫學會於 2017 年授予宇超終身傑出服務獎。

私人執業 40 年後，宇超反思自己的職業生涯，他寫道：「回顧過去，我發現私人執業的新世界令人著迷。我有更多的時間與病人及其親屬接觸，更好地溝通，理解他們可能潛藏的疾病，感受到他們的願望、考驗和磨難，常常會給我帶來極大的滿足。近年來，隨著呼吸系統醫學的快速發展，我很感謝胸肺科學會能組織研討會，給我們所有呼吸科同事傳授最新知識，讓我們能夠為病人提供最佳的治理。學習永遠不嫌老。我真誠地希望，我們的學會能夠永續履行這一重要使命。」

宇超夫婦育有一子一女，兩個孩子都拒絕學醫。但他的四個孫子中，至少有兩人對醫學看似有濃厚的興趣。近來，宇超空閑時，都在高爾夫球場上度過。

2022 年，宇超、桃桃與家人合照。

余宇超教授在瑪麗醫院的大學內科部,設立了首個現代化的呼吸科,配備先進的設施,來診治呼吸系統疾病,並將光纖支氣管鏡引入香港。他啟發了至少兩名駐院醫生,將呼吸系統疾病作為他們的專業。從那時起,香港的呼吸科醫生人數倍增。多年來,他積極扶持香港胸肺學會、香港胸肺基金會和香港過敏科醫學會,協助推動它們的活動,這些活動對於教育、研究及向醫生和公眾傳播肺部疾病和過敏的知識,至關重要。余宇超教授對香港呼吸內科的發展貢獻良多。雖然他謙虛地否認自己是香港「呼吸內科之父」,因為在他之前已有完備的胸肺科服務。但作為香港「現代呼吸內科之父」,他確實當之無愧。

註釋

1. Fung and Chan-Yeung, *To Serve and To Lead*, 181.

2. Moira Chan-Yeung, *Daily Giving Service: A History of the Diocesan Girls' School* (Hong Kong: Hong Kong University Press, 2022), 142.

3. Ibid.

4. Evans, *Constancy of Purpose*, 168-188.

5. Tuberculosis and Chest Service of the Department of Health, *Annual Report*, 2010.

6. "Frequently asked Questions," *Royal Brompton and Harefield Hospitals*, retrieved 14 February 2021.

7. Imperial College, London, *Our History and Alumni*, https://www.imperial.ac.uk/nhli/about-us/our-history-and-alumni/

8. M. Humphries, *Ruttonjee Sanatorium: Life and Time* (CreateSpace Independent Publishing Platform, 2014), 11-20.

9. O'Mahony, M Gabriel, *A Time of Transition: Columban Sisters in Hong Kong*(Columban Sisters, 2005, Private Circulation), 6.

10.Ibid., 16.

11.Royal College of Physicians, "Dr. Frank Haddow Scadding", accessed on 8 January 2023, https://history.rcplondon.ac.uk/inspiring-physicians/frank-haddow-scadding.

12.S. Ikeda, N. Yanai, and S. Ishikawa, "Flexible Bronchofiberscope," *Keio Journal of Medicine 17* (1968),1-16.

13.J. Preyas Vaidya, Joerg D. Leuppi, and Prashant N. Chhajed, "The Evolution of Flexible Bronchoscopy: From Historical Luxury to Utter Necessity," *Lung India* 32(3) (2015 May-Jun), 208-210.

第五章
余宇熙醫生：新生兒科先驅與教會牧師

2008 年，余宇熙配上澳洲員佐勳章。

余朝光醫生夫婦的幼子余宇熙，出生於 1945 年，是盟軍打敗日本香港重光的一年——對香港來說是具有重要意義的一年。他取名宇熙，也是作為香港重光的紀念。宇熙在 2022 年寫了一篇簡短的自傳，由奧莉花博士（Olivia Grosser-Ljubanovic）為他編輯，並寫了簡短的前言。她是早產兒，出生時僅 24 週，被宇熙在澳洲墨爾本的新生兒深切治療部救活。奧利花的前言和自傳都寫得很好，我請宇熙容許本書轉載，他欣然同意。宇熙說，這不是真正的自傳或回憶錄，而是他對目前為止的人生的個人反思——這是上帝的故事，在他和愛妻詠兒的生命中上演。

余宇熙的故事：被祝福的生命　　　　　余宇熙

奧莉花博士的前言

偉大的信念，源於最微小的奇蹟。「你腳踝上的傷疤是怎麼來的？」勞倫斯（Mark Lawrence）醫生隨便提出的一個問題，啟動了醞釀數十年的重聚。被提問的人，隨口提到了一個名字：余宇熙醫生。勞倫斯醫生的眼睛亮了起來。「我早年曾在維多利亞皇后紀念醫院（Queen Victoria Memorial Hospital）與宇熙共事。他現在已退休了，是聖公會的牧師。他是一個非常正派和可敬的人。」

對話很簡短，但細節揮之不去。最重要的是，它提供了余醫生下落的線索，這位著名的新生兒科醫生，在其輝煌的醫學生涯中，挽救了數以千計的生命。宇熙根本不知道，他即將會與其中一個，他救過的最早產的嬰兒重聚。在他入行的早期，極度早產的嬰兒都會死去。這個早產嬰兒，沒有 20%、15%，甚至 5% 的存活機會。在那個年代，這個嬰兒能夠生存的可能性基本為零。因為眼看她快要死了，父母沒有給她起名字。他們為最壞的情況做好了準備，等待不可避免的死亡。嬰兒領受聖禮，包括臨終的儀式。除了一位牧師，沒有人來醫院探望。余醫生後來透露，在那些年，「在澳洲很可能沒有醫生會嘗試挽救那麼早出生的嬰兒，在世界其他地方也很少有人會這樣做。」

人們說「脆弱的人無法得救」。相反，上帝的力量，是通過人的脆弱而彰顯出來的。在新生兒深切治療部，余醫生照顧只有 24 週大的奧利花，實際上她一出生，已成為世界紀錄保持者。奧利花出生的當時，還沒有讓如此早產的嬰兒存活的技術，她在新生兒深切治療部度過了四個月，「死亡」的次數多不勝數。後來，她著手尋求與救了她的英雄會面。沒過多久，聖公會墨爾本教區就將她的查詢轉發給了現任牧師的余宇熙教授；奧利花一生都在等待，要感謝這個謙虛、溫文爾雅的人。初次見面，感覺就像是「老朋友」。多年來，他們的友誼越來越深，宇熙和他美麗的妻子詠兒，邀請奧利花來編輯他們各自的人生故事。

2022 年，我與奧莉花博士。

我的鳴謝

我要感謝奧莉花博士出色的專業編輯工作。她出生於維多利亞皇后紀念醫院，孕齡 24 週，當時大多數醫生認為，這些極度早產的嬰兒是無法生存的。然而，奧利花確實在維多利亞皇后紀念醫院，我主管的新生兒深切治療部接受了治療。她不僅在逆境中倖存下來，而且在成長過程中，以驕人的學業成績和輝煌的事業，令人驚嘆。她的第一個學位是英語的學士（BA），第二個學位是法學學士（LLB, Hons.1）。在完成法律實踐研究生文憑（GDLP）後，她通過研究論文獲得了法學博士學位（PhD），專攻法律專業特權領域。奧利花隨後成為出色的作家，創作了 50 多本書。奧利花與我幾十年後的意外重逢，本身就是一個了不起的故事，我稱之為上帝的巧合，甚至是奇蹟。當我和妻子詠兒決定記錄我們各自的人生故事時，奧利花是協助完成這個項目的理想人選，我們非常高興她同意幫助潤飾我們的文章。

早年生活

名字究竟是甚麼？有說人會成長為一如其名的人物，也有人認為名字塑造了你。我 1945 年在香港出生，當年日本宣佈投降，結束了第二次世界大戰。因此，父母給我「Victor」這個名字。在我出生的那天，城市恢復供電，我們可以在家裡開燈了。受這件事的啟發，我的中文名字是宇熙，意思是「宇宙之光」。

有一種理論認為，個人是由他出生的家庭塑造的。我的父親余朝光（1905-2006 年），1930 年畢業於香港大學醫學院。他曾擔任醫院院長，後來成為全科醫生，直到 80 歲退休。我的母親楊淑珧（1903-1961 年），在我 15 歲那年去世，父親未有再婚。我有三個哥哥：宇楷、宇康和宇超。他們分別比我大 13、12 和 7 歲。

跟隨父兄的腳步，我入讀拔萃男書院（1950-1963 年）。我不擅長運動，因而參與了一些較文靜的課外活動，包括擔任攝影學會主席和校刊《集思》（Steps）的編輯委員。1962 至 1963 年，當時的校長郭慎墀（S.J. Lowcock），任命我為學校的副領袖生長。[1]

我 17 歲入港大，就讀於醫學院（1963-1968）。我們家裡有四名醫生，如果我從事其他行業，會成為家中的異類。宇楷是外科醫生和醫院院長，宇康成為腎科醫生和教授，宇超當上呼吸科醫生和教授。雖然我們都在聖公會的學校上學，但我們不是基督徒。沒想到上帝的手已在我的生命中動工，認識上帝、跟隨基督作祂門徒的過程，也在我裡面慢慢點燃。

與黃詠兒初相識是在 1961 年。我們當時 15 歲。她給我留下了深刻的印象，不僅是她的美貌，還有她的基督教價值觀和態度。因為詠兒年紀太小，她的父母不願意讓我們經常約會。為了見到她，我開始每星期日都和詠兒一家一起上教會。上大學後，我們終於可以談戀愛了。我們經常在一起，念書也不是很用功。我住在馬禮遜堂，一所寄宿舍堂。那是我的

1947 年，我與母親淑珧。

（上）1965 年，我與馬禮遜堂的三年級醫科生。

（下）1966 年，我、詠兒和馬禮遜堂堂友。

瘋狂歲月。我熱衷於學生政治，在馬禮遜堂擔任宿生會幹事，並擔任港大學生會評議會的成員。我三年級的病理學考試不及格。因此，我被父親召回家並禁足，直到六個月後通過補考。之後，我更加認真讀書。詠兒於 1967 年先畢業，當時她 21 歲，獲得學士學位，然後回到母校聖保羅男女中學，擔任中學教師，教授地理。靠著上帝的恩典，一年後，即 1968 年，我 22 歲，獲得了醫學學士學位。

到了 1969 年，我和詠兒已經交往了八年。這一年我做了三個改變人生的決定：一、我接受耶穌基督為我的主和救主，並在中華基督教循道公會受洗；二、我娶了詠兒；三、我決定成為專攻新生兒科的兒科醫生。對於 50 多年前做出的這三個決定，我絕對不後悔。我繼續愛和服事耶穌基督，詠兒仍然是我最好的朋友和靈魂伴侶，我的新生兒科學術生涯也很成功。

我們的婚禮，在 6 月的一個星期六舉行。我們只在週日休息，週一便要返回醫院工作，開始我的兒科專科培訓。雖然我和詠兒沒有去度蜜月，但我會抓住一切機會提醒她，半個多世紀以來的每一天，我們都在度蜜月。那是因為我們的結婚對象，是自己最好的朋友和靈魂伴侶。

完成實習後，我於 1969 年加入港大，擔任兒科講師。這個職位競爭非常激烈，因為兒科部門只有一個培訓空缺，供所有應屆畢業生申請。當時的兒科學教授田綺玲（Elaine Field），一定是看準了我有潛力，從事醫學學術研究會成功。在瑪麗醫院完成三年的臨床培訓後，我獲得了英聯邦獎學金，成為牛津大學新生兒培訓研究生，師從世界著名的新生兒科專家蒂扎德（Peter Tizard）教授。我和詠兒於 1972 年年底，啟程前往英國。

（上）1968 年，我的畢業照。
（下）1969 年，與詠兒結婚。

為了參加兒科文憑（DCH）和皇家內科醫學院院士考試，我們在倫敦住了六個月，然後才搬到牛津住了兩年。詠兒在倫敦大學取得了教育學研究生證書，開始了代課教師的工作。我在約翰拉德克利夫醫院（John Radcliffe Hospital）接受新生兒科臨床培訓，擔任高級實習醫生，然後升為中層的住院醫生和研究員，並通過研究論文完成了牛津大學的碩士學位。在牛津生活期間，我們搬了四次房子，經歷了私人租房、醫院員工宿舍和已婚研究生大學公寓等不同環境。那時，搬家很容易，因為我們所有的家當，都可以打包放進一輛車裡。

一個意外的機會，讓我可以在另一卓越中心，接受進一步的新生兒學研究生培訓。我在港大任職時的教授田綺玲，退休後回到英國，在一次到加拿大看望家人途中，在安大略省漢密爾頓的麥克馬斯特大學醫學中心（McMaster University Medical Centre）碰見了楊執庸教授。她告訴我，他們很樂意讓我去那裡工作。我被麥克馬斯特大學錄取，接受新生兒學高級培訓，師從另一位世界知名的新生兒學專家辛克萊（Jack Sinclair）教授。因此，我和詠兒於 1975 年年中移居加拿大。我們在漢密爾頓期間，詠兒繼續擔任代課教師。

1975 年，我與牛津約翰拉德克利夫醫院新生兒深切治療部的同事。

就像我們搬到加拿大一樣令人驚訝，我在 1976 年收到了一個不能拒絕的邀請。當時我 30 歲，受邀到澳洲墨爾本，建立一個新的新生兒深切治療部。1970 年代中期，澳洲各地的三級醫院開始發展新生兒深切治療部，受過充分新生兒培訓的兒科醫生，會被任命為全職的新生兒科醫生。一位麥克馬斯特的澳洲籍同事告訴我，他已經接受了布里斯班的邀請，不會返回墨爾本。他把我介紹給他在蒙納士大學時的兒科教授，教授馬上寫信通知我，有一個新設立的職位。我成功通過了面試。在加拿大工作了 18 個月後，我們再次放膽一試，接受了這個邀請，並於 1976 年底移民到澳洲。45 年來，我們一直以墨爾本為家。

我們從來沒有想過，婚後的頭七年，會碰到那麼多刺激的奇遇。就像魔術師在展示絕技之前使用的手法一樣，我們在不同的國家之間遊走——從香港到英國、加拿大和澳洲——為我提供了一生難得的機會：實現成為新生兒科醫生的目標，甚至在墨爾本建立和發展新生兒深切治療部。

我永遠感謝詠兒，她把我的事業前途，放在比自己優先的地位，在我獲得第一份顧問醫生任命之前，在八年的專科培訓中，給予我感情和經濟上的支持。她一直是我的磐石，我的支柱，我的力量。當我在專業上大放異彩時，她卻走在我成功的陰影下，從未抱怨過生活受到干擾，或需要適應新的外國環境。一次又一次，詠兒為我做出了重大的犧牲。每次我們穿越各大洲時，她都心甘情願地接受失去既有的友誼及認識新朋友的挑戰。儘管手頭不寬鬆，我們婚後早年的生活，有許多寶貴經驗可以分享。我們不僅在英國和加拿大度假和旅行，還可以去歐洲的許多國家，以及蘇聯、美國、墨西哥和埃及，我甚至爬上了吉薩大金字塔的頂端。

1975 年，我在吉薩大金字塔之頂。

我的醫學生涯

人們常說，職業生涯中的重要時刻，可以塑造性格。作為維多利亞皇后紀念醫院新生兒深切治療部的首任部門主管和奠基主任，我肩負著建立和發展部門的責任，要讓它成為世界一流設施，為重症嬰兒和極早產兒提供優質的臨床服務。40 年前，新生兒深切治療還處於起步階段，這一願景只能通過大量研究才能實現。我於 1975 年通過研究論文，獲得了牛津大學的理學碩士學位（MSc），並於 1981 年獲得了港大的醫學博士學位（MD）。我的著作包括十本書／專著、170 多個書籍章節、270 多篇期刊論文和 370 多篇會議摘要。我的幾本書被翻譯成中文、俄文和西班牙文。我獲得了 27 項研究資助，其中九項來自澳洲國家健康與醫學研究委員會。

作為維多利亞皇后紀念醫院的新生兒科主任，我還獲得了一個獨特的機會，為當時計劃在蒙納士大學克萊頓校園附近建造的醫院，設計一個全新的新生兒深切治療部。醫院 1987 年竣工後，我們遂遷到名副其實的

（上）1977 年，我在維多利亞皇后紀念醫院的新生兒深切治療部。
（下）在蒙納士醫療中心的新辦公室

蒙納士醫療中心（Monash Medical Centre）。

我的求知慾和豐富的研究成果，使我能夠從蒙納士大學的高級講師晉升為副教授。1996 年，大學設立了新生兒學教授席，在我 50 歲那年，有幸獲得這個殊榮，成為澳洲第一位新生兒科教授。八個學院為了表彰我的學術成就，給我頒授了榮授院士：FRACP（澳洲）、FRCP（倫敦）、FRCP（愛丁堡）、FRCP（格拉斯哥）、FRCPCH（英國）、FHKCP、FHKAM 和 FFAOPS。1999 年，我還被任命為蒙納士醫學研究所（Monash Institute of Medical Research）的里奇嬰兒健康研究中心（Ritchie Centre for Baby Health Research）的臨床主任。這給了我更多的機會在蒙納士大學進行研究和指導博士生。

我在蒙納士醫療中心的臨床服務，聲譽日隆，作為新生兒學科的卓越中心，不僅吸引了澳洲本地畢業生，還有來自 41 個國家的 200 多名海外醫生，前來接受專科培訓。我也收到邀請，在 150 多個醫學會議上作為特邀講者，並在許多海外大學擔任客座教授，包括在 1992 年長期服務休假期間，在香港中文大學工作了六個月。我總共在 44 個國家或地區做過 250 多次演講：阿根廷、巴林、比利時、巴西、文萊、加拿大、中國內地、克羅地亞、埃及、斐濟、法國、德國、香港、印度、印度尼西亞、伊朗、愛爾蘭 、以色列、意大利、日本、肯尼亞、韓國、澳門、馬來西亞、蒙古、尼泊爾、新西蘭、巴基斯坦、菲律賓、波蘭、葡萄牙、沙特阿拉伯、新加坡、南非、西班牙、斯里蘭卡、瑞士、台灣、泰國、 荷蘭、土耳其、阿拉伯聯合酋長國、英國和美國。

我獲得許多機會，在不同的國家和國際組織中，推廣和發展新生兒學這個專科。我曾擔任新加坡政府（1985 年）、世界衛生組織（1988 年）

和香港政府（1991 年）的顧問。我們一群新生兒科專家，在 1980 年代構想組織一個全國性學會，幾年後澳洲圍產期學會成立，我是理事會的創始成員。當我在 1994 年擔任會長時，邀請了新西蘭加入，並在我的任期內，變成澳洲和新西蘭圍產期學會。我還成為亞洲—大洋洲圍產期學會聯合會的主席（1998-2000 年），以及世界圍產期醫學協會的副主席（1999-2001 年）。我的演講活動，給我一個奇妙而獨特的機會來環遊世界，儘管這也意味著我經常不在家。幸好詠兒經常陪同我外訪，在講學活動結束後，我們常常可以安排在這些國家，放一個短的假期。

行醫 40 年後，我在 2008 年退休，放下蒙納士醫療中心的臨床工作，標誌著我生命中一個重要篇章的結束。當時我 62 歲，正處於醫學學術生涯的巔峰時期。我的許多同事，對我這麼早退休的決定感到困惑，並擔心我會後悔放棄正在享受的魅力和榮譽。 然而，我的決定，是基於要回應在我的生命中更高的使命。當一章結束時，另一章便開始。我的職業生涯，奉獻給照顧身體的健康和拯救最弱勢群體的生命，然後在新的篇章中，我轉變為「靈魂的醫治者」， 如下一節所述，關注那些在基督教旅途中的人的靈命健康，並向那些還沒有認識上帝的人伸出援手。回想起來，我對這個重大決定一點也不後悔。

退休後，蒙納士大學邀請我繼續以榮休教授的名義擔任名譽教授。在 2008 年澳洲國慶日，澳洲政府為了表彰我對醫學和宗教的貢獻，授予我澳洲員佐勳章（AM），

2008 年，恭賀我退休的紀念會議。

其讚詞如下：「對新生兒科和醫學研究，特別是早產兒的研究及對專業醫療和教學設施的建立和發展，以及對宗教，都作出貢獻。」

隨之而來，是大量的宣傳和公關活動，包括報紙和電視的採訪。這些活動為我提供了一個平台，讓我可以向澳洲公眾，解釋我的工作、信仰以及上帝在我生命中的優先地位。最終，我能夠與大眾分享，耶穌基督在世人生活中的真實性和重要性。接受這個獎項的謙卑經歷，讓我想起了上帝在《撒母耳記上》第二章第 30 節所應許的「尊重我的，我必重看他」。事實上，詠兒與我共享這份榮耀。這個獎項既是她的，也是我的，沒有她幾十年來的支持和鼓勵，我永遠無法取得今天的成功。

我的基督教事工

基督教信仰對我和詠兒的生命，有很重大的影響。雖然我們在香港、英國和加拿大，曾參加循道教會，但在抵達墨爾本後，我們決定加入聖公會聖馬可堂。它離我們家很近，交通便利，牧師和教友親切、友好、熱情。隨著我們作為基督徒委身給上帝日益增長，我們很快便加入研讀聖經團契（Bible Study Fellowship）。這為我們的聖經知識和靈命成長，打下了堅實的基礎。

當了十年的教師後，詠兒離開了教學崗位，希望可以發揮上帝賜給她的恩賜和才能。多年來，她為了我的事業犧牲自己，現在輪到我欣然支持詠兒，讓她盡情享受各種新發現的興趣。她從參加手工藝課程，以及發展她在紡紗、編織和陶藝方面的手藝中，獲得了極大的樂趣。隨後幾年，她在針繡、十字繡、刺繡、插花、泰迪熊製作、橫幅製作和油畫方面，也表現出色。看到她的興趣蓬勃發展，並取得成功，我感到非常高興。

1981 年，聖公會墨爾本教區的移民、難民和民族事務部主任找到詠兒，想為居住在列治文房屋委員會（Richmond's Housing Commission）公屋的亞洲移民和難民開展服務。1983 年，詠兒獲得教牧執照，在聖公會聖馬提亞堂（St Matthias Anglican Church）服務。她的事工包括友誼小組聚會、家訪、交誼活動，以及主理她創辦的青年小組。三年後，即 1986 年，彭曼大主教（David Penman）委任詠兒為列治文聖公會亞裔移民使命（Richmond Anglican Mission to Asian Migrants）的四名傳教士之一。為了協助她的事工，詠兒在墨爾本聖公會教區完成了她的臨床教牧教育，並獲得了泰伯學院（Tabor College）的基督教輔導文憑。

兩年的傳道結束後，中文堂在聖公會聖馬提亞堂正式成立，成員來自中國內地、東帝汶、香港、馬來西亞、新加坡和越南。這是墨爾本聖公會教區內第一個華人堂會，借用托兒中心來舉行英語和普通話雙語的主日崇拜。中文堂 1988 年底成立了堂議會，我擔任了堂監和堂議會秘書，在位 15 年，直到 2004 年初。我的平信徒事工，還包括擔任讚美敬拜領袖、家庭小組組長和建築委員會主席。

新興的會眾，苗壯成長，很快就超過現有的地方所能容納。聖馬提亞堂於 1989 年搬到附近一棟空置的教會物業，該教會物業是向聯合教會租借的。聖公會墨爾本教區於 1993 年同意聖公會聖馬提亞堂可以任命自己的全職華人牧師，並於 1995 年認可我們購買教會物業和一棟新的牧師樓。1997 至 1998 年，教會進行了大型裝修，上帝再次提供了所需的所有資金。我們侍奉的上帝是何等慷慨！1996 年，詠兒的執照升級為授權平信徒領袖。雖然我們沒有自己的孩子，但上帝賜予她許多屬靈的孩子。詠兒通過在聖公會聖馬提亞堂的事工，確實成為了「多子的樂母」

（左）1989 年，聖公會聖馬提亞堂。
（右）2004 年國際醫療服務機構到中國

（詩篇 113:9），這是她在 1979 年從上帝那裡得到的預言。

上帝的工作方式很奇妙。1996 年，50 歲的我決定再次讀書。更好地侍
奉上帝的強烈呼召，驅使我報名參加了瑞德利學院（Ridley College）
的兼讀神學課程。我念醫學院時，一直是個非常普通的學生，一來我學
醫只因父親和三個哥哥都是醫生，而且我花了大部分時間和詠兒約會。
因此，為了彌補自己過去的不足，我要在神學研究上取得優異成績。我
的功課一直獲得 A 或 A+，結果以每門學科都優異的成績畢業。我的付
出得到了回報。我獲得了奧利弗海沃德獎（Oliver Heyward Prize），
不僅在瑞德利學院名列前茅，也是澳洲神學院網絡內，所有聖經學院中
最優秀的畢業生。

1999 年，我受邀成立國際醫療服務機構（Medical Services International）
的澳洲分會，並擔任董事會主席長達十年，直至 2008 年。國際醫療服務
機構源自戴德生醫生（James Hudson Taylor, 1832-1905）成立的中國內
地會（China Inland Mission）。 中國內地會後來更名為海外基督使團
（Overseas Missionary Fellowship）。戴德生醫生的曾孫創立了國際醫

療服務機構，招募醫學界的基督徒，到中國內地服務。感謝詠兒的支持，我有幸每年帶領短期醫療宣教團到中國內地。她加入我的團隊，並在每次行程都發揮重要作用。這些宣教之旅，也使我能夠挑選中國的醫生和護士，到我的新生兒深切治療部來接受研究生培訓。

1999 年，我應邀加入了維省聖經學院（後更名為墨爾本神學院）的中文部董事會。兩年後，即 2001 年，我當選為董事會主席，連續十年，直到 2011 年。2010 年，墨爾本神學院購買了一個物業，作為英文和中文部的共同校園。在六個月的時間裡，我們中文部為這個項目籌集了 200 萬元。確實，按照上帝的方式來做上帝的工作，斷然不會缺乏上帝的供應（戴德生醫生）。

2004 年，我與詠兒在按立典禮。

我成功申請成為聖公會墨爾本教區的按立候選人。我需要在瑞德利學院再兼讀兩年，並通過神學實習教育督導計劃（Supervised Theological Field Education Program），在兩間教會接受事工培訓。2004 年 2 月，我在聖保羅大座堂受按立，這是我生命中的關鍵時刻。我當時 58 歲，是剛獲得澳洲聖公會執照的非受薪牧師。

2004 年，一家香港基督教影視公司（影音使團）飛到墨爾本，錄製了一部關於我和詠兒的紀錄片，片名為《天地孩兒》。團隊還編寫了電影劇本，並邀請專業演員扮演我們的角色，製作成一部同名電影。兩個版本均在澳洲首映，然後在香港、新西蘭、加拿大、美國、英國和幾個亞洲國家和地區上映。這部紀錄片的加長版，在多個國家被改編成電視連續劇。我和詠兒出席了澳洲、香港和英國的電影首映禮，並分享了曾經歷過上帝的美善和信實的個人體驗。2015 年，一家總部位於多倫多的基督教影視公司（恩雨之聲），來到墨爾本採訪了我和詠兒及我們的一些朋友。我們的見證，後來在他們的加拿大電視頻道播出。值得一提的是，影音使團和恩雨之聲製作的電影、紀錄片和連續劇，已經製成 DVD 出售，並在 YouTube 上發佈：

影音使團（一系列的六個片段）
www.youtube.com/watch?v=1xVX_eLM_oY
www.youtube.com/watch?v=1TxPEGqw8VY
www.youtube.com/watch?v=nz6Uz9G65nQ
www.youtube.com/watch?v=T3R-Tp9Sb5M
www.youtube.com/watch?v=-1k_CBx5iDI
www.youtube.com/watch?v=8vEiiJIABs8

恩雨之聲
宇熙故事（廣東話）www.youtube.com/watch?v=FXvLO14wEM4
詠兒故事（廣東話）www.youtube.com/watch?v=MY4KmAZLajE
宇熙故事（普通話）www.youtube.com/watch?v=XGhH5Ncrgc8
詠兒故事（普通話）www.youtube.com/watch?v=8NVPKjBpvIs

我的三個兄長，都仍有參與馬禮遜堂的不同活動，但由於我身在海外，所以沒有他們那樣的機會。然而，2008 年，我意外地收到了馬禮遜堂的邀請，參加在港大陸佑堂舉行的晚宴，當時堂友送我一件馬禮遜堂的外套「M-Coat」，我在演講時自豪地穿著它。藉此機會，我告訴學生，

（上）紀錄片《天地孩兒》
（左）2008 年，馬禮遜堂在陸佑堂舉行晚宴，我席上演講。
（右）大哥宇楷和郭任達醫生（我的同學兼婚禮伴郎）也出席了晚宴

在港大成長的歲月裡，作為馬禮遜堂一員如何塑造了我，並分享我從醫學教授轉變為教會牧師的有趣故事。

如前所述，我 2008 年從醫學界退休，無疑為我鋪平了道路，讓我可以更全面地獻身，為上帝和祂的子民服務。我在聖公會聖馬提亞堂的按立事工很全面，包括主日崇拜（主持禮拜、領唱詩歌、協助領聖餐和講道）、帶領家庭細胞小組、牧養探訪、主持洗禮、婚禮和安息禮拜。在聖公會墨爾本教區內，我曾擔任大主教委員會的成員（九年是平信徒成員，三年是牧者成員）。我是三個委員會的成員：健康和福利院牧、教會增長的策略規劃、神學教育、事工組建和持續專業發展的檢討。此外，我還帶領和指導了植堂工作組。在教區之外，我亦獲邀在墨爾本、其他州和海外的教會講道。

我和詠兒都認為，與他人分享上帝賜給我們的許多祝福，是一種殊榮，也是一種責任。首先，最重要的禮物，是通過我們的主和救主耶穌基督的出生、生活、死亡和復活而獲得救恩。作為好管家的部分責任，我們以非受薪的身份，在聖馬提亞堂及以外的地方工作。我在聖公會聖馬提亞堂的牧師工作於 2015 年結束，在 70 歲生日那天卸任，所有聖公會神職人員必須在規定的年齡，交回教區執照。在我的例子，便是以退休神職人員主持許可執照（Retired Clergy with Permission to Officiate Licence），取代舊有的執照。那時候，我已經在聖公會聖馬提亞堂服務了 29 年，其中 17 年是平信徒的事工，12 年是按立的事工。詠兒在建立教會方面，發揮了重要作用，她擔任教牧和授權平信徒領袖長達 33 年。2015 年底，她慶祝 70 歲生日，同時宣告正式退休。回顧在聖公會聖馬提亞堂多年的活躍事工，我們希望已經樹立了僕人領袖的好榜樣。羅耀拉聖依納爵（St. Ignatius de Loyola, 1491-1556 年）的祈禱文如是說：「慷慨地侍奉上帝，因為祂值得被侍奉，付出而不計代價，戰鬥而不懼怕受傷，辛勤工作而不尋求休息，工作而不期望任何回報，除了知道我正在執行上帝的聖旨。」

作為會眾的一般成員，我們會繼續支持教會，為它祈禱。我在聖公會聖馬提亞堂的事工，只餘下每月在那裡講道一次，在其他的星期日，我可以接受邀請到其他教會講道，其中包括兩間聖公會華人教會和一間獨立的華人教會。2016 至 2019 年間，我也有機會定期在聖公會聖保羅大座堂講道，當時那裡開始了中文崇拜。在聖公會墨爾本教區內，我繼續擔任列治文教會土地信託基金的受託人，並於 2011 年被任命為審察牧師。作為審察牧師，我有幸能幫助希望成為牧師的人們，探究他們的呼召，為他們進行面試，作為挑選和按立過程的一部分，並協助他們按立前後的培訓。在這個事工中，能與這麼多上帝忠心的僕人一起服務和工作，是一個非常令人鼓舞和謙卑的經歷。

2015 年，我與詠兒慶祝從堂會
事工退休。

我的悲與喜

有些人會說，生活的經歷，無論是愉快還是悲慘的，都會塑造你成為甚麼樣的人。生活永遠不可能是完美的，而悲與喜，兩者都有我的份兒。

攝影是我的愛好之一。我在中學和大學都是攝影學會的主席。我在父親的黑房，沖洗我的獲獎照片，拍攝的對象自然是詠兒。我所有的照片幾乎都有她，尤其是在我們的大學時代。我是非常有條理的人，照片按年份整齊地編好目錄。從我的嬰兒時期開始，100 本相冊按照題材和國家排序。舊照片，可以很好地喚起我們對至愛親朋的回憶，也讓我們回想起，無論是字面還是象徵意義上，我倆的共同人生旅程。自 2012 年以來，由於數碼攝影的出現，我改在 iPad 和電腦上以電子方式存儲照片和編目錄。

我們結婚不久，詠兒就患上子宮內膜異位症。她曾在英國和加拿大接受手術，希望能把病治好。隨著時間的流逝，我們已接受了可能一生都會沒有孩子，但詠兒卻意外地懷孕了。1979 年，在懷孕 17 週時，一名年輕男子駕駛的汽車失控，釀成車禍，她不幸失去了胎兒。詠兒肺部塌陷，需要插管通氣，右腎破裂，需要切除腎臟。她接受了深切治療，保存了性命，但沒能挽救未出生的孩子。在我們結婚十週年紀念日那天，詠兒失去了她唯一的一次懷孕機會。我把兒子抱在懷裡給她看，我們給他取名以撒。她在深切治療部的那段時間，是我們生命中最痛苦的日子，但也是我們被上帝的恩典深深感動的時刻。當我們體驗到祂「出人意外的」慈愛和平安時（《腓立比書》4:7），我們也加強了對主的信心。

上帝從不會在危難時拋棄我們。回想發生在 40 多年前的這場悲劇，我們確實可以作證：「萬事都互相效力，叫愛上帝的人得益處，就是按祂旨意被召的人」（《羅馬書》8:28）。儘管我相信自己是一名稱職的醫生，但這段經歷，使我對患病新生兒的父母，有了更多的同理心，讓我成為更好的新生兒科醫生：「發慈悲的父，賜各樣安慰的上帝。我們在一切患難中，他就安慰我們，叫我們能用上帝所賜的安慰去安慰那遭各樣患難的人。」（《哥林多前書》1:3-4）。再者，如果我們要撫養自己的孩子，就可能不會有同樣的決心或自由來侍奉上帝。

1986年我們人在海外時，在墨爾本的家被大火燒毀。我們被迫飛回澳洲處理善後和提出保險索償。這件事，讓我們對生命有了新的視角。我們重新評估生命中甚麼是重要的，並學會了「放下」我們的物質財富。唯一令我們覺得遺憾的，是失去滿載我們過去回憶和遊歷的相冊。但上帝是仁慈的。到家後，我們發現，由於相冊在架子上堆得緊緊的，只有封面和邊緣被燒焦。當周圍的其他物品都被燒毀，奇蹟般地，我們的照片集只丟失了百分之五。

上帝的恩典，繼續貫穿我們和家人的生命中。我父親78歲那年受洗成為基督徒。2006年，他101歲半，才被召回到天家。1995年，聖公會聖馬提亞堂從聯合教會購買我們的教會物業時，父親支付了全部費用。他最後的一次善舉，是在101歲那年，他捐款給港大設立余朝光基金教授席。他對基督教事業和高等教育機構的慷慨支持，一直持續到他生命的盡頭，這是我努力學習的榜樣。2006年，我很榮幸能在香港聖公會聖約翰大座堂，在他的安息禮拜中講道。那次之後，我又受邀到聖約翰大座堂講道四次。這包括我侄子的婚禮，以及後來他兒子的洗禮。

我也主持了詠兒父母的安息禮拜和講道。兩次都在聖公會聖馬提亞堂舉行，相隔八年。詠兒的父親黃康偉於 2010 年去世，享年 89 歲；她的母親黃張瑞蘭於 2018 年去世，享年 94 歲。我與詠兒父母相識五十載，從他們身上學到了很多，也很欣賞和尊敬他們的基督教價值觀，以及對上帝堅定不移的信仰。

詠兒 2008 年接受常規乳腺篩查時，被診斷患有乳癌。上帝是仁慈的，癌病仍在早期階段（原位癌）。手術後，她幸運地無須電療和化療。隨後的十多年，詠兒身體健康，癌症沒有復發。這場重病，使我們認識到，我倆關係中的每一個寶貴時刻，都是來自上帝的祝福。

詠兒康復時，恰逢我 2008 年從醫院退休，我們趁機與家人或好友一起去坐郵輪。我們一共享受了 14 次旅程，一路上建立了新的友誼。在眾多亮點中，我最難忘的是船停靠在蒙地卡羅那次，適逢週末有摩納哥一級方程式大獎賽。其中一項岸上遊覽是參觀比賽，我們當然抓住了這個機會！

自 2020 年新冠肺炎大流行以來，我們停止了旅行計劃。我們 2021 年 5 月的地中海郵輪被取消，只好留在墨爾本的家中。我們當時不知道，這一事件的轉折，是上帝拯救我們的又一次恩典。一天晚上，詠兒突然上腹劇痛。我們緊急前往急症室就診，她被診斷患有膽結石梗阻。詠兒立即接受了保命手術，醫生發現膽囊壞疽。如果手術延誤，膽囊不免會破裂，引起腹膜炎。後來又接受了兩次內窺鏡手術，才能去除膽總管中的另一塊結石。兩次手術後，詠兒都出現心房顫動，需要在深切治療部接受治療。讚美主，她的健康恢復得很好。如果我們上了郵輪，後果實在不堪設想。

2019 年是我們的金婚紀念，我和詠兒在聖公會聖馬提亞堂舉行了慶祝
主日禮拜和午餐會，作為紀念結婚 50 週年。我的講道有關婚姻，題為
「靠著上帝的恩典」。在講道結束時，我播放了歌曲《翼下的風》（*Wind
Beneath My Wings*，由 Bette Midler 所唱，於 1989 年獲格林美獎）。
歌詞總結了我對詠兒的愛和感恩：「在我的影子下一定會很冷，你的臉
上永遠沒有陽光。你滿足於讓我發光，那是你的方式。你總是落後一步。
所以我得到所有榮耀，而你是力量的泉源。你可知道你是我的英雄，我
想要學習的一切嗎？我能飛得比鷹還高，因為你是我翼下的風。或許人
們忽略了你的存在，但我已了然於心了。我想讓你知道我知道真相，我
當然知道。沒有你我甚麼都不是。謝謝你，謝謝你，感謝上帝賜予，你
是我翼下的風。」感謝上帝賜予詠兒，我翼下的風。超過 180 位會友和
好朋友，包括宇楷和他來自香港和加拿大的五位家人，都出席了。當晚，
約有 70 位家人和好友出席了晚宴。在我們結婚 50 週年的紀念日，我
們感謝上帝，讓我們成為彼此一生最好的朋友，並祝福我們能夠白頭偕
老。

結束語

我感謝上帝，因為我相信耶穌基督是我個人的主和救主，所以我得到了
祂奇異恩典的救贖。我感謝上帝，賜予我豐盛的生命和祂永生的應許。
回顧我的生命，我感謝上帝帶給我美好的時光、許多奇妙的機會、巨大
的成功、人生高峰和讚譽。在面臨考驗和悲劇的時刻，我同樣感謝上
帝，讓我能夠體驗到祂的同在、安慰、療癒與平安。因此，我最喜歡的
《聖經》經文，談的是上帝在我生命中恆久的憐憫：「我們不致消滅，
是出於耶和華諸般的慈愛，是因祂的憐憫不至斷絕。每早晨這都是新
的，你的誠實極其廣大」（《耶利米哀歌》3:22-23）。 我真正體驗了

（上）2019 年，我與詠兒結婚 50 週年紀念日。
（下）2019 年結婚 50 週年，我在聖公會聖馬提亞堂講道。

耶穌應許的優質生活:「我來了,是要叫人得生命,並且得的更豐盛」(《約翰福音》10:10)。我懷著感恩的心回顧自己的一生,懷著信心和盼望,展望今生以後的未來:「上帝愛世人,甚至將祂的獨生子賜給他們,叫一切信祂的,不至滅亡反得永生」(《約翰福音》3:16)。卡西迪(Michael Cassidy)在他的書《追風:人類對生命答案的追尋》(*Chasing the Wind: Man's Search for Life's Answers*)中說:「基督徒的生活是最激動人心的旅程,因為它不僅使此時此地的生活驚險、刺激和具有挑戰性,而且它還承諾,在生命結束時,會走到永生上帝的面前,遠超出了我們的想像。」

《馬太福音》第 25 章第 14 至 30 節有關才幹的比喻,鼓勵我充分使用上帝的恩賜,用來榮耀上帝和擴展祂的國度。耶穌又說:「多給誰,就向誰多取;多託誰,就向誰多要」(《路加福音》12:48)。上帝賜予我的一切,我是管家,包括我的時間、才能和財寶。對我來說,好的管家,就是以「榮神益人」來定下我的人生目標,意思是過一種「榮耀上帝,造福人類」的生活。《威斯敏斯特小要理問答》(*Westminster Shorter Catechism*)的開篇如是說,「人的主要目的,是榮耀上帝並永遠以祂為樂。」耶穌對門徒的勸告:「你們是世上的光……你們的光也當這樣照在人前,叫他們看見你們的好行為,便將榮耀歸給你們在天上的父」(《馬太福音》5:14-16),我時刻銘記,要努力不辜負自己的名字——宇熙(宇宙之光)。

我和詠兒在 2002 年購買了一塊墓地,並在 2017 年設計好我們的墓碑。墓碑上的銘文,只有簡單的幾個字:「上帝的僕人」。耶穌來「不是要受人的服侍,乃是要服侍人」(《馬太福音》20:28),我最大的渴望,就是當我在天堂與上帝面對面時,能聽到祂說「你這又良善又忠心的僕人」（《馬太福音》25:23）這句話。

2015年，我們搬到一座較易維修保養的小屋，既近我們的教會，且交通方便，又臨近商店。這所房子，是我們最終搬到天家前，最後的一個家。我在地球上的生活，只是時間有限的一段旅程。無論我住在香港、英國、加拿大或澳洲，這些地方都不是我永久的家，因為我正在前往在天國的歸宿，在那裡我將與我的上帝永遠同在：「我們卻是天上的國民」（《腓立比書》3:20）。

我的一生，都專注於完成比賽並保持信念：「存心忍耐，奔那擺在我們前頭的路程，仰望為我們信心創始成終的耶穌」（《希伯來書》12:1-2）。使徒保羅在一篇講道中說：「大衛在世的時候遵行了上帝的旨意，就睡了」（《使徒行傳》13:36）。像大衛王一樣，在我這一代，我被呼召為上帝的旨意服務，當我在世上的工作完成之日，我將被召回「住在耶和華的殿中，直到永遠」（《詩篇》23:6）。

宇熙和詠兒的墓碑，2017年豎立。

我的人生，也許沾上我應有的痛苦和悲傷，為我贏得了廣泛的讚譽和掌聲，賦予了我地位、名譽和名聲；然而，在我生命的盡頭，我可以如實回答，塑造我的不是成功、逆境、家庭或名字。在履行我的聖召時，我過的生活只是耶穌基督的器皿：「主征服了我的不信，為了這項服務我將自己降服於上帝」（戴德生醫生）。雖然從表面看，我一生的成就使我獨樹一幟，但我是與上帝結盟的。是祂塑造了我。

葛培理牧師（1918-2018）分享了他對福音和永生的信心，他說：「總有一天你會讀到或聽到葛培理死了。請不要相信。我會比現在更有活力。我只是改變了我的住址。我會來到上帝的面前。」同樣，當我被召回天家，而你聽說我已經死了，記住這一點！這只不過是「假新聞」。就像葛培理一樣，我只是改變了我的住址。

總有一天，我們必須說「goodbye」。中文的「再見」，實際意思是「再次見到你」。我希望並祈禱，如果你還沒信主，你會相信耶穌基督是你個人的主和救主。然後，我的朋友，有一天我們會再見面，那時你和我會一起在我們的天家，永遠與上帝同在。阿門。

宇熙的學術生涯

宇熙的回顧，讓我們全面了解他的生平。他的醫學生涯非常成功，尤其是在提高極低出生體重嬰兒的存活率（這些嬰兒在以前是不可能生存的），以及培訓世界各地的新生兒科醫生。他與愛妻的基督教事工，作為他的第二事業，同樣成功。在講述他經歷過的悲、喜劇時，他充分展示了對上帝的信仰。他的一生，都在渴望成為上帝的忠實僕人。

宇熙在 20 世紀 60 年代末、70 年代初，加入了新生兒學這個新的專科，正值該科在醫學界越來越受重視時。正如他在回顧中描述那樣，他在大學時代，非常積極參與學生事務和政治活動，並競選學生會的公職。隨著年紀漸長，他成為一名盡責、敬業的臨床醫生和研究人員。[2] 與詠兒的婚姻，無疑對他的成長起了關鍵的作用，他倆從 15 歲起已是好朋友，詠兒為他的成長和成熟，提供了安穩的環境。

楊執庸教授是宇熙在麥克馬斯特大學新生兒中心工作時的上司，他認為當時宇熙沒有得到公平的評估。加入麥克馬斯特大學前，宇熙已經在約翰拉德克利夫醫院接受了兩年的新生兒科培訓，並獲得了牛津大學的理學碩士學位。此外，他還通過了英國的兒科院士考試。但在麥克馬斯特，他要再接受三年的培訓，才可以參加加拿大的院士考試，然後才能成為顧問醫生。當宇熙收到邀請，到墨爾本設立新的新生兒深切治療部時，正如其他人一樣，他欣然接受了這個機會。麥克馬斯特大學之失，即是蒙納士大學之得。

宇熙對新生兒學的主要貢獻

1970 年代後期，當宇熙來到墨爾本時，極低出生體重（ELBW）這個詞，是用來形容出生時體重在 1,000 克或以下的嬰兒，這些嬰兒能活下來，是例外而不是常態。如果嬰兒在 26 週或更早出生，一般視為「無法存活」，因為他們幾乎都是 ELBW 嬰兒。這些極度早產兒，大多數沒有得到治療，最終死亡。ELBW 新生兒接受深切治療後，部分嬰兒得以存活，但幾乎沒有長期覆診數據。宇熙的團隊，是最早報告 ELBW 嬰兒存活率和生存質量的團隊之一。[3] 更獨特的是，他們還報告了基於胎齡的結果：1970 年代末，在他們醫院出生的 24 至 28 週嬰兒，兩年生存率為 57%，而整個同期群組兩年後有重大殘疾的為 11%。[4]

在接下來的 20 年裡，ELBW 嬰兒的存活率和存活質量逐漸提高。宇熙與維多利亞州的同事合作，將他以醫院為基礎的研究，擴展到以人口為基礎的區域性研究，為研究開創了先河。1990 年代末，維多利亞州出生的所有 ELBW 嬰兒的兩年存活率為 73%，整個同期群組中有 16% 嬰兒有嚴重殘疾。[5] 他們還發現，出生地點對這些參數有很大的影響。[6] 出生在三級醫院（內生）的新生兒，有配備、人員齊全的新生兒深切治療部，與出生在二級或一級醫院（外生）的新生兒相比，在存活率和存活質量兩個方面，都表現得更好。因此，發展專門的新生兒緊急轉運服務（Newborn Emergency Transport Service），將剛出生的「外生」嬰兒，安全快速地送入三級醫院，是非常重要的。這些「外生」嬰兒的結果顯著改善，但仍未達到與「內生」嬰兒相同的良好結局。

宇熙認為，維多利亞州 ELBW 嬰兒的高存活率和優質存活率，是由於他和同事們提倡的「墨爾本模式」，其中包括以下幾個環節：一、在該地區建立一些資金充足的指定三級中心；二、資助創建一個區域性的新生兒緊急轉運服務，為該地區的所有二級和一級醫院服務，以及三、制定區域性的圍產期計劃，以識別並轉移高危孕婦到三級中心分娩。宇熙和維多利亞州的同事合作，協調了這項全維州的圍產期—新生兒服務。[7] 澳洲其他地區也效仿這個模式，後來還擴展到海外。

三級新生兒深切治療部，必須配備所有先進的技術和研究設施，以提高這些嬰兒的存活率和生存質量。多年來，宇熙和世界各地的團隊，同時進行了重要的臨床研究，開發新的非侵入性技術，用來診斷和治療這些嬰兒。ELBW 嬰兒的每個器官／系統的生理和病理都與成人不同，以前沒有這方面的數據。宇熙的團隊，研究了新生兒的所有器官／系統，包括大腦、心臟、肺、肝臟、胃腸道、腎臟、眼睛和骨骼，特別強調預防（而不是治療）腦損傷、心力衰竭、肺損傷、腸缺血／膿毒症、骨質疏鬆症和早產兒視網膜病變，包括使用前瞻性隨機臨床試驗，不僅研究生存率，還顧及生存質量。宇熙的團隊還專注於最佳營養和生長的研究，在出生後數週至數月無法進行腸內餵養時，利用全腸外營養。此外，他們還探討了，在新生兒深切治療部遇到的許多社會心理和倫理問題，包括對經歷早產危機的父母的照顧和支援。

蒙納士醫療中心成功的另一個關鍵因素，是附近有一個動物實驗室。很少有圍產期—新生兒中心同場設有動物實驗室，擁有「大型」動物實驗室的就更少了。宇熙有幸能與基礎科學家 Adrian Walker 教授，在蒙納士大學的綿羊實驗室合作研究。綿羊模型夠大，可以研究胎兒和新生兒的正常生理發育，以及疾病的病理生理學。研究團隊開發了一些創新的非侵入性診斷方法，例如用於腦損傷研究的近紅外光譜儀，以及實驗預防和治療新生兒疾病的有效醫學干預。宇熙有幾名研究生，因而受到啟發，在完成新生兒深切治療部的臨床培訓後，繼續在里奇嬰兒健康研究中心（RCBHR）的綿羊項目，攻讀博士學位。宇熙是研究中心的臨床主任，他 2008 年從醫院退休後，捐了一筆錢給蒙納士大學，大學決定用來設立余宇熙獎學金，用以支持一位在 RCBHR 從事圍產期—新生兒健康研究的研究員。

作為新生兒科醫生，宇熙的成功還有其他因素。他是一個做事非常有計劃和條理的人。他在牛津新生兒深切治療部和麥克馬斯特大學的經歷，確保了他在墨爾本也能成功。宇熙的新生兒深切治療部，有一個非凡的特點，就是非常細緻地記錄每個嬰兒的狀態、每個輪班期間接受的治療,以及狀態的任何變化,都有詳細記錄。在換班期間,每位患者的訊息,會傳遞到下一個團隊,從而保證極佳的護理連續性。另一個特點,是有非常熟練的抽血員,從嬰兒細小的靜脈中抽血,用微量技術測量血氣、血清電解質和其他參數,以監測嬰兒的進展。訓練有素的團隊也很重要,宇熙親自培訓了新生兒深切治療部的員工。所有這些因素,都有助提高 ELBW 嬰兒的存活率。宇熙對新生兒學的貢獻,包括發表各種治療方式的寶貴循證數據,其中一些是雙盲隨機對照試驗,那在當時還沒有數據。

薪火相傳

教導年輕醫生和護士,提高照顧 ELBW 嬰兒的技能,是宇熙的另一項重要使命。他培訓了來自世界各地的 200 多名兒科醫生,其中 44 名是華裔:包括中國內地(16)、香港(12)、馬來西亞(6)、新加坡(4)、台灣(3)、 英國(2)和澳門(1)。宇熙的策略包括:一、接納這些醫生和護士,到他的新生兒深切治療部接受培訓;二、組織醫療團隊到中國去教導兒科醫生,以及三、在國際會議上發表演講,並廣泛發表文章,以傳達他在照顧 ELBW 新生兒方面的訊息。[8]

任何時候,都有幾名來自世界各地的醫生和護士,在他的部門工作。儘管他的日程很滿,但他會很好地照顧學員。在可行的情況下,他會親自到機場接學員,並送他們和家人到他安排的住所,該房子位於醫院附近,交通便利。他還會帶他們參觀醫院和新生兒深切治療部,介紹其他學員給他們認識,以便他們可以互相照顧。他對學員非常友善和體貼,總會讓他們放心。

新生兒深切治療部共有四名顧問醫生，年內輪流負責。輪到宇熙負責新生兒深切治療部的時候，他一般都會一大早到辦公室，先處理急事。然後，到新生兒深切治療部巡房。在 1980 年代，即使只有 12 張帶呼吸機的病床，巡房也需要兩到三個小時，可見他照顧病人的細心，以及臨床教學的用心。[9] 前來接受臨床培訓的學員，會被安置在新生兒深切治療部，累積實踐經驗。許多嬰兒的治療，是根據正在進行的研究項目的方案進行。從這些研究中，宇熙獲得了治療這類嬰兒的循證數據。除了臨床研究，宇熙還有幾個實驗室研究項目；他也鼓勵有興趣的學員參加。宇熙會不時邀請學員到他的辦公室，與他們更深入地討論一些巡房時沒有充分說明的話題，有時還會給他們一些文章來閱讀。[10] 宇熙是一位著名的學者，常常應邀到國際會議或其他醫學中心發表演講。因此，他會經常離開墨爾本。

1996 年，宇熙與香港大學出版社合作，出版了《新生兒科醫學教程：中國視野》，為中國內地新生兒科學做出了獨特的貢獻。與他的其他作品不同，這本書的編寫是以中英文雙語出版。它有 912 頁，91 章，由來自九個國家的 77 位華裔醫生撰稿，其中：中國內地（27 人）、美國（20 人）、香港（11 人）、新加坡（5 人）、台灣（5 人）、澳洲（4 人）、馬來西亞（2 人）、英國（2 人）和加拿大（1 人）。宇熙是資深編輯，撰寫了其中的 12 章。他的三位聯合主編，是馮澤康教授（中國內地）、曾振錨教授（美國）和楊執庸教授（香港）。所有撰稿人都放棄了酬金，以降低製作成本，讓中國和發展中國家的醫生，都能負擔得起這本教科書。

投入的導師

宇熙關心學員的福祉，不只限於學術活動，還涉及他們的屬靈生命的栽

1996 年，宇熙《新生兒科醫學教程》。

培。他人在墨爾本時，通常會在星期日邀請他們與他和詠兒一起參加教
會禮拜。他還會請他們和家人到他家作客，與他的妻子見面。他從不強
迫任何人信奉基督教。然而，多年來，由於他的引介，一些人信了教。[11]

對他的指導學生來說，作為老師、臨床醫生和研究人員，宇熙都是完美
的榜樣。[12] 他是一位出色的臨床醫生，對病人、學生和同事都非常好。
宇熙為人體貼，總能讓人安心。他的學員都有機會參加研究會議。那些
對研究感興趣的人，他會與他們討論，以確定要研究的問題，並幫助他
們完成項目。他引發了一些學員對研究的興趣，其中部分成為了熱心和
投入的研究人員。宇熙與詠兒的愛情，也啟發了年輕人，要努力處理好
與配偶的關係。[13] 他的導生回國後，仍會經常寫信給他求教，不僅在研
究方面，還會旁及他們在職業、生活和人際關係上有關的問題。宇熙會
花時間回答他們的問題。

宇熙的履歷，見證了他在 40 年的醫學生涯中，取得的學術成就，以及
因在醫學和宗教方面的貢獻，而獲得的澳洲員佐勳章（AM）。

宇熙的基督教事工

很少人會在醫學學術生涯高峰中引退，改走完全不同的道路。但有更高的呼召，激勵宇熙在非受薪的基礎上，以餘生侍奉上帝，作為他做基督徒管家的一部分責任。正如他所寫，在將自己 40 年的生命，奉獻給拯救最弱勢群體（極低出生體重嬰兒）的生命之後，他希望依靠著上帝的恩典，拯救靈魂，並將福音帶給那些尚未認識上帝的人。

在他被按立為牧師之前，宇熙早已經在他的行醫和日常生活中，一直見證上帝的恩典和愛。每逢週末，他會介紹學員到他的教會，並請他們到他家裡作客。他讓這些人，感受到上帝的同在和愛。在他的工作中，他經常為病嬰的父母提供輔導，因為當新生兒的生命受到威脅時，父母也會面對非常大的壓力。有時他會應父母的要求，在嬰兒去世前為他們施洗。

1999 年，宇熙上任國際醫療服務機構澳洲分會的董事會主席。從 2001 年到 2008 年，他組織了六次中國之行，訪問了四川省的不同醫院，包括重慶的重慶醫科大學和成都的華西醫科大學（即今天的四川大學華西醫學中心）的教學醫院。在前兩次的訪問，他的團隊由全科和專科醫生、護士、物理治療師、藥劑師和傳譯員組成。在後來的訪問中，團隊更加專科化，由新生兒科醫生、兒科醫生和新生兒護士組成。國際醫療服務機構的每位參與者，就不同的主題進行兩到三場講座。他們還在探訪期間，進行了兩次左右的查房，以示範處理不同個案的正確方法。晚上，一行人享受團契的生活。他們一起吃晚飯，然後一起讀《聖經》和唱讚美詩。他們在白天分享經驗，以便改進未來的訪問任務。[14] 2008 年，他從醫學界退休時，也同時辭任國際醫療服務機構董事會主席。

宇熙在被按立時，已經是社區公認的領袖。他為人誠懇、關愛、有同情心，又樂於傾聽。他的講道睿智、有趣、恰當且簡潔。難怪他和詠兒很快就在聖馬提亞堂，建立了一個新的會眾，並在他們的帶領下繼續蓬勃發展。

宇熙和詠兒婚姻美滿。他們一生的經歷，有悲有喜，有試練與磨難，他們彼此都為婚姻付出過很大的努力。宇熙非常了解詠兒的角色，她的支持和犧牲，確保了他事業的成功。在他生命的後期，他扮演了支援者的角色，讓詠兒有機會實現她的潛能，發揮她的所長。很少有成功的男士，願意這樣做。

余宇熙教授、牧師 AM，作為教師、研究者和導師，樹立了好榜樣，讓我們見賢思齊。我們感謝上帝，因為他在醫學和基督教事工的雙重事業，拯救了許多生命和靈魂。我們祝願他，能享受悠長、快樂的退休生活。不過，宇熙會很快指出，儘管所有聖公會神職人員都要在 70 歲時從教區事工退任，但他在 2015 年正式「退休」後，仍通過每週在不同的教會講道，來繼續侍奉上帝。

註釋

1. Fung and Chan-Yeung, *To Serve and To Lead*, 370.

2. 與楊執庸教授的個人通訊。

3. V.Y.H. Yu and E. Hollingsworth, "Improving Prognosis for Infants weighing 1000 g or Less at Birth," *Archives of Diseases in Childhood* 55 (1980): 422-426; and A.A. Orgill, J. Astbury, B. Bajuk, and V.Y.H. Yu, "Early Development of Infants 1000g or Less at Birth," *Archives of Diseases in Childhood 57* [1982], 823-827.

4. V.Y.H. Yu, A.A. Orgill, B. Bajuk, and J. Astbury, "Survival and 2-year Outcome of Extremely Preterm Infants," *British Journal of Obstetrics and Gynaecology* 91 (1984), 640-646.

5. V.Y.H. Yu and L. W. Doyle, "Regionalised Long-term Follow-up," *Seminars in Neonatology* 9 (2004), 135-144.

6. Ibid.

7. V.Y.H. Yu and P. Dunn, "Development of Regionalised Perinatal Care," *Seminars in Neonatology*, 9 (2004), 89-97.

8. 與霍泰輝教授視訊訪談，2022 年 12 月 15 日。

9. 電話採訪酈毅山醫生，2022 年 11 月 20 日。

10. Ibid.

11. Ibid.

12. 通過 Zoom 採訪馮寶姿醫生，2022 年 11 月 29 日 .

13. Ibid.

14. 通過 Zoom 採訪馮寶姿醫生，2022 年 11 月 29 日。

第六章
香港醫學博物館的余朝光醫生藏品
（1945-1985 年）

香港醫學博物館於 1996 年成立，館址是舊病理檢驗所，香港的法定古蹟。博物館的使命，是成為醫學史研究中心，以及保存和展示與香港醫學發展有關的物品。目前，博物館的館藏，有近 5,000 件此類文物。其中包括約 1,800 張歷史照片、400 本書籍，其餘主要是過去醫療實踐中使用過的物品。博物館的藏品，還包括與中醫相關的物品。由於博物館的空間相當有限，只有一小部分物品可以作為常規展品展出。博物館的教育及研究委員會，亦定期向《香港醫學雜誌》投稿，介紹博物館藏品的故事。部分文章還被翻譯成中文，結集成書——《杏林鴻爪》（2016），以饗廣大讀者。

多年來，許多機構和個人，捐贈了各種各樣珍貴的物品，豐富了博物館的藏品，也加深了我們對本地醫學歷史的了解。2007 年，余朝光醫生的家人，將余醫生在診所用過的許多物品，捐贈給博物館。在本章，我們將會利用這些物品，來說明那個時代的醫療實踐。

檢查身體的儀器

下面介紹診所常用的基本檢查儀器，可能與今天沒有甚麼不同，只是現代的儀器更常見有一次性組件。聽診器是醫生最常用的診斷工具，用來聽心臟、肺和腸發出的聲音。在 1950 年代，可能比較少量度血壓，當時對高血壓作為一種疾病認識不足，而且有效藥物也很少。

水銀血壓計

用於測量血壓，需要使用袖帶，並以聽診器來測量收縮壓和舒張壓。它非常準確，是測量血壓的標準。但由於水銀有毒性，現已停止使用，[1] 並已被無液血壓計或電子血壓計所取代。使用無液血壓計時，壓力由圓形錶盤上的指針指示，該指針被來自充氣裝置的空氣偏轉。水銀血壓計和無液血壓計，都需要使用聽診器。電子血壓計，採用示波測量和電子計算，因而不需要聽診器。在香港，所有公立醫院，現已改用電子血壓計。然而，在世界許多地方，診所或醫院仍有使用安裝在牆上的無液血壓計，而電子血壓計，則更常用於家庭血壓監測。

水銀血壓計

眼底鏡和耳鏡

眼底鏡用於檢查眼底（眼睛後部的總
稱），即視神經、血管、黃斑。耳鏡
是用於檢查耳道和鼓膜的儀器。將耳
窺器（耳鏡的錐形觀察件）慢慢插入
耳道，同時經耳鏡觀察。診斷套件中，
還有一面鏡子，可用於查看聲帶。

眼底鏡和耳鏡

舌壓

不銹鋼舌壓，主要用於口腔和喉嚨的
檢查，使用後可以消毒。今天用的舌
壓，一般是木製的，並且是一次性的。

舌壓

檢驗用的儀器

顯微鏡

血液、尿液和糞便，是臨床常規檢查的三種主要標本。顯微鏡是檢查這類標本最有用的設備，因為它可用於血細胞計數、尋找血液或糞便中的寄生蟲，以及不同類型標本中的細菌。

據說，奧斯勒爵士（Sir William Osler）於 1898 年首先在約翰霍普金斯醫院建立了病房的檢驗室，[2] 可以進行常規檢查，來幫助診斷。瑪麗醫院，過去也曾設有這樣的檢驗室。因此，醫生從前也要接受培訓，學會執行這些常規檢查。戰後初期，私人開辦的化驗室數量較少。港大病理學系的紀本生（James Gibson）教授，開辦了醫學檢驗技術人員的在職培訓，並建立了醫務化驗師的資格認證。香港於 1980 年制定了《輔助醫療業條例》，從此醫務化驗師的執業也受到規範。今天，除了非常簡單的測試（例如試紙尿檢）外，大多數私人診所，都使用私人化驗所的服務。

顯微鏡

余朝光醫生在診所安裝了一台 X 光機，主要用於診斷肺結核。醫學博物館的藏品中，也有一台 1950 年代飛利浦製造，Metalix 型號的移動式 X 光機。[3] 戰後最初的 20 年，在私人診所內配備 X 光機，情況並不少見。如今，有更多的醫學成像方式可供選擇，但已經超出了私人診所的範圍。

紅血球沉降率測量管

紅血球沉降率，是一種簡單的非特異性篩查測試，可間接測量體內是否存在炎症。它反映了紅血球在某些疾病狀態下更快沉降的趨勢，通常是因為血漿纖維蛋白原、免疫球蛋白和其他急性時相反應蛋白的增加。紅血球形狀或數量的變化，也可能影響紅血球沉降率。Wintrobe 的測量方法，是將抗凝血液吸入管中，並在室溫下垂直放置一小時。沉降速率以毫米／小時為單位測量。這個方法相當耗時。[4] 近年來，化驗室利用自動化儀器，改進了現有的方法，以減少化驗師與血液樣本的接觸，並改善周轉時間。[5]

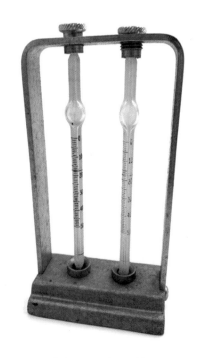

紅血球沉降率測量管

腰椎穿刺針

將腰椎穿刺針在兩塊椎骨之間的空間
插入，從椎管抽吸少量腦脊液進行檢
查，以幫助診斷，尤其是神經系統的
感染。目前所有的腰椎穿刺針都是一
次性的，以避免感染。

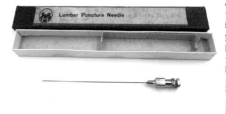

腰椎穿刺針

結核菌素注射器

通常用於檢測結核病。結核菌素，是
一種純化的蛋白質衍生物，是結核桿
菌的甘油提取物，用於結核菌素皮膚
測試。將標準劑量的結核菌素，注射
到皮膚層之間，48 至 72 小時後，讀
取皮膚反應，以確定是否為陽性結果。
使用的針長四分之一到二分之一英
寸，規格為 27 號，針頭帶有短斜面。
該注射器的特別之處，是把一毫升，
分成十進制的刻度標記。目前，結核
菌素注射器，都是單劑量、一次性的。

結核菌素注射器

內科治療的儀器

內科最常見的治療方法，應該是藥物注射。過去使用玻璃注射器，以及可重複使用的針頭。今天，改用塑料的一次性注射器。

有些醫療程序，例如用於治療肺結核的人工氣胸，如今已不再在診所進行。這種治療方法在 1950 年代很流行，但隨著有效抗結核藥物的出現，人工氣胸已經過時。

針筒注射器

針頭和連接器由鋼製成，注射器則是玻璃的。針筒每次使用後，都需要徹底消毒。然而，很多時候消毒並不徹底，這可能是過去社區乙型肝炎患病率高的原因之一，儘管病毒在嬰兒出生時，經母親傳播是通常的解釋。針筒改用一次性用品後，上述併發症顯著減少。

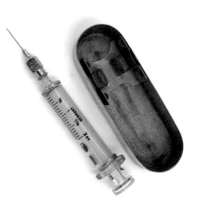

針筒注射器

輸血器

輸血器有一玻璃瓶連接到過濾器，然後通過橡膠管連接到其他部件。膠管有時可能沒有妥善消毒，因而導致接受血液者受到感染。目前，上述輸血

輸血器

器已不再使用，取而代之的是塑料製品，用完即棄。

治療氣胸的引流裝置

這個裝置為封閉式引流系統，主要用於治療氣胸，以及胸腔積液、血胸等需要胸腔引流的病症。便攜式的設計，使其成為可以在床邊操作的實用設備。氣胸是一種常見的肺部疾病，起因是空氣洩漏到胸膜腔。如果病情輕微，可無須治療。若氣胸更嚴重時，需要使用引流系統來防止肺部塌陷。先使用套管針刺穿胸膜腔，然後插入導管，導管遠端用鉗夾好，以形成封閉的水封系統。將導管末端浸入裝有三分之一消毒液的瓶子中，然後鬆開夾鉗，形成虹吸引流裝置。現代最常用的引流裝置，是塑料的三室單元，三室相互連通，包括收集室、水封室和吸力控制室。現代的引流裝置，也是基於相同的原理，只是使用的物料不同，並且是一次性的。[6]

治療氣胸的引流裝置

外科治療的儀器

診所可以做一些只需局部麻醉的小手術，其他手術一般會在私立醫院進行。在本節，我們將不同的外科儀器，按手術類型分組，包括外科、骨科、泌尿科、眼科等手術使用的工具。這些都是常用的工具，總體來說沒有太大的變化。從手術工具的種類來看，余朝光醫生那一代的普通外科醫生，比我們現在更專門化的外科醫生，技術面要廣得多。

二戰後，醫學迅速發展。傳統的手術形式之外，又發明了以腹腔鏡進行的微創手術，最近更有使用機器人系統施行前列腺手術、冠狀動脈搭橋和其他外科手術。手術刀，也被激光或質子束取代。然而，到了今天，舊的手術工具，在內窺鏡手術失敗，轉為開放式手術時，仍會大派用場。1970 年代，余宇楷醫生在手術中，用的就是這些傳統工具。

外科手術儀器

左側：剪刀、組織咬斷器；中間（從上到下）：刮匙、小型牽開器（用於牽開小或淺表的傷口，以暴露手術部位）、大刮匙、小型牽開器、探針、手術刀片和手術刀。右側：有齒和無齒鑷子。

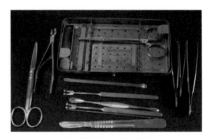

常用的外科手術儀器

尿道探條

一套不同尺寸的「不銹鋼探條」，用於擴張尿道，治療尿道狹窄，特別是由於淋病或細菌性尿路感染引起的前列腺尿道和陰莖尿道交界處的狹窄。尿道結石導致急性尿路阻塞時，還可用探條把結石推回膀胱。

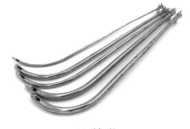

尿道探條

羅斯（Ross）包皮環切環

在龜頭和包皮之間，放置一個適當大小的環，並用結紮線切斷環外包皮的血液供應，缺血的包皮會脫落。有了這些環，包皮環切術就可以在局部麻醉下進行。它已被 Plastibell 取代，Plastibell 與它類似，但用塑料製成。

羅斯 (Ross) 包皮環切環

咬骨器、骨夾、骨膜剝離器

這些器材通常用於骨科手術，例如骨折固定。

咬骨器、骨夾、骨膜剝離器

骨鋸

用於截肢的鋸，例如患糖尿病足壞疽
的病人很常用到。如今它已被電鋸所
取代。

骨鋸

眼、耳手術儀器

這些精緻的儀器，用於眼瞼和耳朵的
精細手術。

眼、耳手術儀器

牙科治療儀器

余朝光醫生那一代的全科醫生，確實會為病人拔牙，因為當時牙醫較少。醫生先用藥筒注射器，注入局部麻醉劑以減輕疼痛，然後用特殊的鑷子拔除壞牙。

藥筒注射器

通常用於牙科手術。優點之一，是可以用單手進行抽吸和注射。藥筒注射器也可預設給病人的藥量。在藥筒注射器中，藥筒會填滿藥物，例如局部麻醉劑，而針頭與藥筒的玻璃體是分離的。注射機關（彈簧或加壓氣體）將藥筒移向針頭，針頭的一端刺入藥筒的橡膠封口，然後它們一起向前移動。針刺入人體組織時，活塞會排空劑量。[7] 右圖的正鎖牙科注射器和藥筒，是用於注射局部麻醉藥的。

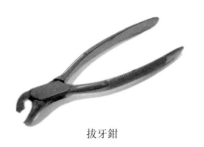

拔牙鉗

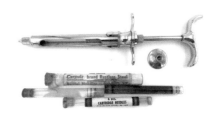

牙科注射器和藥筒

婦產科儀器

余醫生那一代的全科醫生，接生是很常有的事。有些醫生甚至會應緊急電召，到產婦家裡接生。余醫生可能是在九龍醫院工作時，學會了婦科手術，當時值班的外科醫生，也要處理婦科急症。作為外科醫生，他居然擁有一台儀器，可以測試輸卵管是否通暢，這是頗為不尋常的。

骨盆卡尺

骨盆卡尺或骨盆測量儀，用於分娩前測量骨盆的尺寸，以確定骨盆是否適合陰道分娩。現在使用的成像方法，可提供更準確的測量。

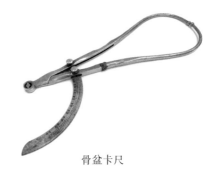

骨盆卡尺

陰道窺器

這個陰道窺器，插入陰道後壁後，以其重量保持陰道的開放視野，並帶有一個小溝，以便排出子宮刮除術中的組織和血液。宮頸擴張和宮腔刮宮（簡稱刮宮或 D&C），是一種非常常見的婦科手術，可用於診斷和治療（例如去除妊娠產物）。

陰道窺器

不同尺寸的宮頸擴張器

沙曼氏（Sharman）輸卵管充氣記譜儀

上述裝置用於證明輸卵管的通暢性。通過子宮頸的插管，把二氧化碳輸入子宮。氣體通過輸卵管逸出的壓力，由記譜儀來顯示。當壓力達到最高的 250 毫米汞柱，壓力仍不下降，則表明輸卵管堵塞。如今，二氧化碳充氣測試，已被子宮輸卵管造影所取代，即通過子宮頸注射顯影劑，並拍攝 X 光片，來確定輸卵管的通暢性。又或可以在腹腔注入二氧化碳，然後插入腹腔鏡，直接觀察盆腔器官。通過子宮頸注射亞甲藍或靛藍胭脂紅溶液後，觀察藍色染料是否從輸卵管流蘇末端流出，即可證明輸卵管是否通暢。

沙曼氏（Sharman）輸卵管充氣記譜儀

藥物和麻醉劑

余朝光醫生家人捐贈給醫學博物館的物品，包括藥瓶和診所用來配製藥物的設備。與手術工具不同，常用藥物多年來發生了很大變化。1930 年代畢業的醫生所使用的藥物，今天執業的醫生，可能只認識大約 20%。[8] 戰後初期，私人執業的醫生，會按照自己的處方，在診所配製一些藥物，通常是藥水或藥粉的形式。出診時，醫生包會備有應急藥品，[9] 今天的全科醫生，已很少上門診症。

氯仿

氯仿是有機化合物，吸入或吞服時，具有強效的麻醉藥和鎮靜劑作用。1847 年，辛普森（James Simpson）醫生首次揭示了氯仿對人體的麻醉作用。1930 年代後，已停止在麻醉中使用，因為它會導致呼吸衰竭和心律失常。過去，氯仿也曾用作配方藥物的成分。

氯仿

阿美卡因

阿美卡因是一種局部麻醉劑，用於麻痺眼睛、鼻子或喉嚨的黏膜。用在眼睛上時，通常在 30 秒內生效，持續時間不超過 15 分鐘。在需要快速表面麻醉的急症，例如兒童眼睛受傷，阿美卡因非常有用。

阿美卡因

氯乙烷

氯乙烷是一種無色、易燃氣體，具有微弱的甜味。當噴灑在皮膚上時，它具有冰涼效果，可作為溫和的局部麻醉劑，可用於去除異物或切開膿腫的小手術。香港的急症室，現在已不再使用它。

氯乙烷

奎寧

奎寧是最早用於治療瘧疾的藥物。1820 年，從原產於秘魯的金雞納樹的樹皮中，首次分離出來。它對某些人可能有嚴重的副作用，包括血小板減少、耳聾和心律不齊。2006 年，世界衛生組織不再推薦奎寧作為治療瘧疾的一線藥物，除非沒有青蒿素可用。

奎寧

Taka-Diastase 澱粉酶

Taka-Diastase 是澱粉酶的一種形式，來自一種獨特的微生物米曲霉，在其生長、發育過程中產生。它是一種消化酶，有助於碳水化合物的分解，並將其轉化為糖。澱粉酶讓碳水化合物更容易消化。它主要用於治療消化不良和胰腺炎。

Taka-Diastase 澱粉酶

亞麻籽油

亞麻籽油，是一種從乾燥、成熟的亞麻植物
（Linum usitatissimum）的種子，提取的
無色至淡黃色的油，與其他脂肪一樣，是甘
油三酯。它作為膳食補充劑，因含豐富 α-
亞麻酸（一種 Omega-3 脂肪酸），而廣受
到歡迎。在歐洲部分地區，傳統上它與薯仔
和奶渣一起食用。

亞麻籽油

檸檬酸鉍銨

鉍化合物，是廣泛用作治療胃腸道疾病的藥
物。除了保護胃壁和治療幽門螺桿菌感染的
功效外，它還具有廣泛的抗菌、抗利甚曼原
蟲和抗癌特性。

檸檬酸鉍銨

橄欖油

過去，橄欖油最常用於治療皮疹、輕微割傷、
嘴唇乾裂，以起到舒緩作用，有時也用於局
部塗抹關節，治療風濕病。然而，它也曾用
於治療心臟病、糖尿病、高血壓、高膽固醇、
癌症、記憶力和思維能力衰退、偏頭痛、肥
胖和許多其他疾病，但沒有可信的科學證據
支持其療效。

橄欖油

紅汞水

紅汞是一種有機汞二鈉鹽化合物，常常用於輕微割傷和擦傷，作為消毒藥水，又可用作生物染料。它還用於臍帶的消毒，以及一些傷口的消毒和抑制疤痕形成，例如神經性潰瘍和糖尿病足瘡。當塗抹在傷口上時，它會將皮膚染成獨特的胭脂紅，而且顏色經反復清洗仍不會褪色。由於其持久性和消毒殺菌的能力，紅汞可用於治療手指甲或腳趾甲的感染。在美國，由於缺乏對其安全性的最新研究，自1998年以來，紅汞已被其他藥物（例如聚維酮碘、苯扎氯銨、氯二甲酚）取代。

紅汞水

藥物稱量儀器

稱量成分，是臨床製藥的重要步驟。 根據稱量所需的精確度，需要不同的設備。

天平　　　　　　　天平用的砝碼　　　　傳統中式黃銅秤

今天的醫生診所已不再有天平。雖然醫生仍在診所配藥，但藥物都是從藥商購入的。

參考書

二戰後，醫學知識以驚人的速度增長。任何醫生，都不可能記得所有不同醫學分支的核心知識。今天，我們可以利用互聯網或移動應用程式來檢索這些訊息。在過去，醫生必須依靠自己的藏書。余朝光醫生的診所有很多書，下面介紹的都是經典教材，至今仍然有售。

　　一.《英國醫學實踐百科全書：累積增刊》（1951 年 1 月 1 日）
　　　　英國百科全書，本身有 12 卷加上索引卷，另包括 1951 至
　　　　1960 年醫學進展卷（共 23 卷）。累積增刊由 Butterworth
　　　　and Co. Ltd. 出版。

二.《白文信熱帶病學：溫暖氣候疾病手冊》（第 13 版）

由白文信爵士的女婿巴爾爵士（Sir Philip H. Manson-Bahr）
主編。本書從 1921 年的第七版，到 1960 年的第 15 版，都由
他編輯。書名最初是《熱帶疾病：溫暖氣候疾病手冊》，是
熱帶醫學的標準教科書，該書仍有印行，截至 2014 年，已達
第 23 版。巴爾爵士原名 Philip Henry Bahr，因為他編輯了本
書的多個版本，貢獻良多，白文信爵士請他改名為 Philip H.
Manson-Bahr。

三.《X 光診斷學》

由戈爾登（Ross Golden）主編，1936 年由 Thomas Nelson
and Sons 出版。這本有關 X 光診斷的著作，內容非常完整，
不僅僅是一本 X 光圖譜。本書的每個章節，對每個器官或系
統，都有涵蓋診斷問題和病理學的討論，並附有典型的 X 光照
片。每個器官，都得到充分、清晰的解說。

四.《困難診斷：病因不明疾病的闡釋指南》

（1958 年 1 月 1 日第一版第二次印刷）
作者為 H. J. Roberts，由 W.B. Saunders 出版。

註釋

1. 聯合國為了保護人類健康和環境免受汞的污染，通過了《關於汞的水俁公約》，締約國自 2020 年起，禁止生產及進出口含汞的產品。對於締約國來說，這將意味著水銀血壓計的終結。事實上，香港的公立醫院已淘汰了傳統的水銀血壓計。

2. Berger D., "A Brief History of Medical Diagnosis and the Birth of the Clinical Laboratory. Part 1–Ancient Times Through the 19th Century", MLO Medical Laboratory Observer 31(7), (July 1999),28-30, 32, 34-40.

3. Luk SY, "The mobile X-ray machine", *Hong Kong Medical Journal* 22(2), (April 2016),194-195.

4. McGill Physiology Virtual Laboratory, "Erythrocyte Sedimentation Rate", accessed on 19 January 2023, https://www.medicine.mcgill.ca/physio/vlab/bloodlab/ESR.htm

5. "Erythrocyte Sedimentation Rate (ESR): Automated Analysis", accessed on 19 January 2023, https://www.labcompare.com/10-Featured-Articles/132632-Erythrocyte-Sedimentation-Rate-ESR-Automated-Analysis/

6. Harry Y-J Wu, "Drainage Apparatus for Treating Pneumothorax", *Hong Kong Medical Journal* 25 (2019),419-420.

7. Rafael Ferrandiz, "Cartridge vs syringe auto-injectors: a misleading discussion", accessed on 19 January 2023, https://www.emerade.com/hcp/articles/cartridge-vs-syringe-auto-injectors

8. K V Krishna, "Medical doses for senior medical students", *Caduceus* 10(3), (1931), 159-164.

9. Winnie Tang, "Doctor's bag belonging to Dr Wai-cheung Chau", *Hong Kong Medical Journal* 28(6), (December 2022),504-505.

參考資料

政府報告

Annual Report, Tuberculosis and Chest Service of the Department of Health, 2010.

Hong Kong Colonial Secretariat, *Civil Service List*, Hong Kong: Government Printers, 1904-1958.

Hong Kong Colonial Secretariat, *Staff List*, Hong Kong: Government Printers, 1959-1970.

Hong Kong Medical and Health Department Annual Report, 1946.

Medical and Sanitary Reports, Hong Kong Administrative Report, 1927.

東華三院醫療委員會歷年會議紀錄。

The Hong Kong University, *Graduate List*, 1974.

Tuberculosis and Chest Service Annual Report, Department of Health, Hong Kong SAR.

政府特別報告

Selwyn-Clarke, P.S., *Report on Medical and Health Conditions in Hong Kong. For the period 1 January 1941 to 31 August 1945*, London: His Majesty's Stationery Office, 1946.

Tuberculosis and Chest Service, Public Health Service Branch, Centre for Health Protection, Department of Health. *Tuberculosis Manual*, Hong Kong SAR, 2006.

US Department of Health, Education, and Welfare, Smoking and Health, *Report of the Advisory Committee to the Surgeon General of the Public Health Service. Public Health Education 1103*, 1964.

報紙

《香港日報》

《南華早報》

《華僑日報》

書籍

李樹芬，《香港外科醫生：六十年回憶錄》，商務印書館（香港）有限公司，2019。

Bergere, Marie-Claire, translated from the French by Janet Lloyd, *Sun Yat-Sen*, Stanford, California: Stanford University Press, 1994.

參考資料

Cameron, Meribeth E., *The Reform Movement in China 1898-1912*, Stanford University, California: Stanford University Press, 1931.

Chan-Yeung, Moira, *A Medical History of Hong Kong 1842-1941*, Hong Kong: The Chinese University Press, 2018.

Chan-Yeung, Moira, *A Medical History of Hong Kong: The Development and Contributions of Outpatient Services*, Hong Kong: The Chinese University Press, 2021.

Chan-Yeung, Moira, *Daily Giving Service, A History of the Diocesan Girls' School*, Hong Kong: Hong Kong University Press, 2022.

Endacott, G.B., *Hong Kong Eclipse*, Hong Kong: Oxford University Press, 1978.

Evans, Dafydd Emrys, *Constancy of Purpose. An Account of the Foundation and History of Hong Kong College of Medicine and the Faculty of Medicine of the University of Hong Kong 1887-1987*, Hong Kong: Hong Kong University Press, 1987.

Featherstone, William, *The Diocesan Boys' School and Orphanage, Hong Kong: the History and Records, 1869 to 1929*, Hong Kong: Diocesan Boys' School, 1930.

Fung Yee Wang, Chan-Yeung, Moira, *To Serve and To Lead: A History of the Diocesan Boys' School*, Hong Kong: Hong Kong University Press, 2009.

Gosano, Eddie, *Hong Kong Farewell*. Greg England, 1997.

Ho, M., *When Science and Compassion Meet—A Turning Point in the History of Medicine in Hong Kong*, Hong Kong: Hong Kong Museum of Medical Sciences Society, 1997.

Hong Kong Academy of Medicine, *In Pursuit of Excellence, The first 10 years 1993-2003*, Hong Kong: Hong Kong Academy of Medicine Press, 2003.

Hopkins, K., "Housing the Poor", in *Hong Kong: The Industrial Colony*, ed. K. Hopkins, Hong Kong: Oxford University Press, 1971.

Humphries, M., *Ruttonjee Sanatorium: Life and Time*, CreateSpace Independent Publishing Platform, 2014.

Hutcheon, R., *High-rise Society-the first 50 years of Hong Kong Housing Society*, Hong Kong: The Chinese University Press, 1998.

Kwong Chi Man, Tsoi Yiu Lun, *Eastern Fortress: A Military History of Hong Kong, 1840-1970*, Hong Kong: Hong Kong University Press, 2014.

Rhoads, E.J.M., *China's Republican Revolution*, Cambridge, Mass: Harvard University Press, 1975.

Sinn, Elizabeth, "*Emigration from Hong Kong* before 1942", in *Emigration from Hong Kong*, ed. R. Skeldon, Hong Kong: The Chinese University Press, 1999.

Smart, A., *The Shek Kip Mei Myth: Squatters, Fires and Colonial Rule in Hong Kong 1950-1964*, Hong Kong: Hong Kong University Press, 2006.

Tsang, Steve, *A Modern History of Hong Kong*, Hong Kong: Hong Kong University Press, 2006.

The College of Surgeons of Hong Kong, *Healing with a Scalpel, From the First Colonial Surgeon to the College of Surgeons of Hong Kong*, Hong Kong: Hong Kong Academy of Medicine Press, 2010.

Tu, Elsie, *Colonial Hong Kong in the Eyes of Elsie Tu*, Hong Kong: Hong Kong University Press, 2003.

Wong Tai-Wai, Chan-Yeung Moira, *Notable Doctors in the Medical History of Hong Kong, 1842-2015: Individuals Who Shaped the Medical Services*. Hong Kong: The Chinese University Press, in press.

期刊論文

Bowie, D., "Captive Surgeon in Hong Kong", *Journal of the Hong Kong Branch of the Royal Asiatic Society 15*, (1976): 172-173.

Doll, R., Hill, A.B., *"Smoking and Carcinoma of the Lung"*, *British Medical Journal 2*, (1950): 739-748.

Ikeda, S., Yanai, N., Ishikawa, S., "Flexible Bronchofiberscope", *Keio Journal of Medicine 17*, (1968): 1-16.

Hong Kong Chest Service/British Medical Research Council, "Controlled Trial of 6-Month and 9-Month Regimens of Daily and Intermittent Streptomycin Plus Isoniazid Plus Pyrazinamide for Pulmonary Tuberculosis in Hong Kong", *American Review of Respiratory Disease 115*, (1977): 727-735.

Leung, Pamela, "Sharman's Kymographic Tubal Insufflation Apparatus", *Hong Kong Medical Journal 26*, (2020): 159-60.

Middlebrook, G., "Isoniazid-resistance and Catalase Activity of Tubercle Bacilli; a Preliminary Report". *American Review of Tuberculosis 69*, (1954): 471-472.

Nambiar, Raj M., "Obituary, Professor Tan Sri Guan Bee Ong, PSM, OBE, MD, DSc, FAMS (Hon) (1921-10 January 2004)", *Annals Academy of Medicine* May 2004.

Orgill, A.A., Astbury J., Bajuk, B., Yu, V.Y.H., "Early Development of Infants 1000g or Less at Birth", *Archives of Diseases in Childhood 57*, (1982): 823-827.

Saloojee, Y., Dagli, E., "Tobacco Industry Tactics for Resisting Public Policy on Health", *Bulletin of the World Health Organization 78*, (2000): 902-910.

Vaidya, Preyas J., Leuppi, Joerg D., Chhajed, Prashant N., "The Evolution of Flexible Bronchoscopy: From Historical Luxury to Utter Necessity", *Lung India* 32(3), (May-Jun 2015): 208-210.

Wu, Harry Y-J., "Drainage Apparatus for Treating Pneumothorax", *Hong Kong Medical Journal 25*, (2019): 419-420.

Yu, V.Y.H., Bajuk, B., Orgill, A.A., Astbury, J., "Viability of Infants Born at 24 to 26 Weeks Gestation", *Annals Academy of Medicine* 14, (1985): 563-571.

Yu, V.Y.H., Doyle, L.W., "Regionalized Long-term Follow-up", *Seminars in Neonatology 9*,

(2004): 135-144.

Yu, V.Y.H., Dunn, P., "Development of Regionalised Perinatal Care", *Seminars in Neonatology* 9, (2004): 89-97.

Yu, V.Y.H., Hollingsworth, E., "Improving Prognosis for Infants Weighing 1000 g or Less at Birth", *Archives of Diseases in Childhood* 55, (1985): 422-426.

論文

李威成，〈日治時期香港醫療衛生史的歷史考察：以《香港日報》為主要參考〉，哲學碩士論文，香港中文大學，2012。

網站

Kwong Wah Hospital, "Kwong Wah Hospital History", accessed 28 January 2023, https://www3.ha.org.hk/kwh/main/en/about-history.asp.

Farmer, Hugh, "Shing Mun Dam and Reservoir—Article from the Late 1930s", The Industrial History of Hong Kong Group, 3 December 2014, accessed 28 January 2023, https://industrialhistoryhk.org/shing-mun-dam-reservoir-article-late-1930s/.

Farmer, Hugh, "Hand-Dug Caisson Excavation in Hong Kong—Worst Recent Construction Job?—Banned 1995," The Industrial History of Hong Kong Group, 26 October 2019, accessed 28 January 2023, https://industrialhistoryhk.org/hand-dug-caisson-excavation-hong-kong/.

Ferrandiz, Rafael, "Cartridge vs Syringe Auto-injectors: a Misleading Discussion", accessed 19 January 2023, https://www.emerade.com/hcp/articles/cartridge-vs-syringe-auto-injectors.

Hong Kong Council on Smoking and Health, COSH website, accessed 21 December 2022, https://smokefree.hk/.

Hong Kong Government Information Service, "Smoking Prevalence Dropped to 9.5%", 26 May 2022, accessed 27 January 2023, https://www.news.gov.hk/eng/2022/05/20220526/20220526_125509_474.html.

Hong Kong e-Legislation, "Cap 138, Pharmacy and Poisons Ordinance [1 January 1970]", accessed 13 January 2023, https://www.elegislation.gov.hk/hk/cap138.

Hong Kong e-Legislation, "Education Ordinance (Chapter 279) Education (Amendment) Regulation 1991", accessed 28 January 2023, https://www.elegislation.gov.hk/hk/1991/ln361!en.

Hong Kong Memory, Yau Ma Tei, accessed 27 January 2023, https://www.hkmemory.hk/MHK/collections/oral_history/All_Items_OH/oha_04/records/index_cht.html.

Imperial College, London, "Our History and Alumni", accessed 27 January 2023, https://www.imperial.ac.uk/nhli/about-us/our-history-and-alumni/.

Morrison Hall, The University of Hong Kong, "About Morrison Hall", accessed 27 January 2023, https://www.morrison.hku.hk/.

Royal College of Physicians, "Dr. Frank Haddow Scadding", accessed 8 January 2023, https://history.rcplondon.ac.uk/inspiring-physicians/frank-haddow-scadding.

The Harvard team, "Improving Hong Kong's Healthcare System: Why and for Whom?", accessed 13 January 2023, https://www.fhb.gov.hk/en/press_and_publications/consultation/HCS.HTM.

The University of Hong Kong, "HKU mourns the Death of Professor G. B. Ong, 12 Jan 2004," accessed 27 January 2023, https://www.hku.hk/press/news_detail_4946.html.

The University of Hong Kong, "182nd congregation (2010) Citation, Richard Yue Hong Yu. Doctor of Social Science (Honoris Causa)", accessed 5 January 2023, https://www4.hku.hk/hongrads/citations/richard-yue-hong-yu-richard-yu-yue-hong.

The University of Hong Kong, "2002 Honorary University Fellow, Professor Richard Yu Yue Hong", accessed 5 January 2023, https://www4.hku.hk/honfellows/honorary-university-fellows/professor-richard-yue-hong-yu.

訪談：面對面、Zoom、電話或電郵

余宇楷醫生，余宇康醫生，余宇超醫生，余宇熙醫生

鄺毅山醫生

霍泰輝教授

馮寶姿醫生

楊執庸教授

鄧智偉教授